Deep Seek

高效写作指南

林淮岑 著

北京时代华文书局

图书在版编目（CIP）数据

DeepSeek高效写作指南 / 林淮岑著. -- 北京：北京
时代华文书局，2025.5. -- ISBN 978-7-5699-6051-8

Ⅰ. H05-39

中国国家版本馆 CIP 数据核字第 202594PC81 号

DeepSeek Gaoxiao Xiezuo Zhinan

出 版 人：陈　涛
责任编辑：张彦翔
责任校对：薛　治
装帧设计：仙境设计
责任印制：刘　银

出版发行：北京时代华文书局 http://www.bjsdsj.com.cn
　　　　　北京市东城区安定门外大街 138 号皇城国际大厦 A 座 8 层
　　　　　邮编：100011　电话：010 - 64263661　64261528

印　　刷：三河市京兰印务有限公司
开　　本：710 mm×1000 mm　　1/16　　　成品尺寸：170 mm×240 mm
印　　张：11　　　　　　　　　　　　　　字　　数：183 千字
版　　次：2025 年 5 月第 1 版　　　　　　印　　次：2025 年 5 月第 1 次印刷
定　　价：49.80 元

目录 CONTENTS

第四章

用 DeepSeek，15 秒产出高转化商业文案

第五章

DeepSeek 流量永动机，百万粉丝账号养成计划

第六章

用 DeepSeek 赋能自媒体文案，创作与优化双提升

第七章

用 DeepSeek 辅助创作小说、构建情节

第八章、

DeepSeek 助力多元创作，诗歌、散文、剧本全精通

第一章

用 DeepSeek 辅助
撰写工作总结与报告

利用 DeepSeek 快速提炼工作总结的核心要点

在这个信息爆炸的时代，写作已成为职场中不可或缺的技能。无论是日常的工作总结、项目报告，还是年度复盘，清晰、精准的写作能力直接影响着我们的职业发展。然而，面对堆积如山的资料和复杂的数据，我们常常感到无从下手，甚至花费大量时间却难以提炼出核心要点。DeepSeek 作为一款基于人工智能的写作助手，为我们提供了一种全新的解决方案。它不仅能快速处理海量信息，还能精准提炼核心要点，帮助我们高效完成写作任务。

接下来，我们将按照以下步骤利用 DeepSeek 提炼工作总结的核心要点。

1. 输入关键信息

通过网页搜索 DeepSeek 或直接输入 https://chat.deepseek.com 网址，进入 DeepSeek 主页（网页版），输入手机号后可直接登录使用。屏幕中央会出现一个蓝色鲸鱼图标，整个页面较为简洁、清爽，灰色部分是 DeepSeek 的对话输入框。如果问题比较简单，想要一个快捷的回答，可以关闭输入框中的"深度思考"和"联网搜索"功能。点击左侧列表蓝色鲸鱼图标下的第一个按键可打开边栏，显示所有对话，点进去后在每个对话上方也可进行"重命名对话"。第二个按键则是"开启新对话"。如下图所示。

*本书中使用了大量 DeepSeek 页面截图，其中部分文字和标点符号存在用法不规范的情况，为了保留原始材料，展示目前阶段 DeepSeek 的运行特点，在不影响理解的情况下，我们尽量不对这些不规范情况进行修改，请读者注意辨析，特此说明。

在使用 DeepSeek 提炼工作总结的核心要点之前，我们需要准备好工作总结的相关信息。包括但不限于工作目标、工作内容、工作成果、工作反思，点击回形针图标，将这些关键信息上传到 DeepSeek 的处理面板中（支持 PDF/Word/TXT 等格式），为后续的提炼工作提供基础素材。如下图所示。

给 DeepSeek 发送消息

上传附件（仅识别文字）
最多 50 个，每个 100 MB，支持各类文档和图片

深度思考 (R1)　　联网搜索

假设我们是市场营销专员，负责公司新产品的推广工作。在过去的三个月里，我们参与了多个市场推广项目，包括线上广告投放、线下活动策划、社交媒体营销等。现在，我们需要从一份工作总结中快速提炼核心要点，向领导汇报工作情况。

先在 DeepSeek 的对话框内输入"【目标】提炼市场部 Q2 工作总结核心点。【重点方向】突出环比增长数据，弱化执行细节。【保密要求】隐藏客户具体名称，用'客户 A/ 客户 B'代替"（此步骤为输入指令），随后点击发送按键（进行查询）。DeepSeek 会先出现深度思考过程（灰色文字部分），然后生成一篇关于"市场部 Q2 工作总结核心提炼（数据导向版）"的核心点报告，如"整体业绩增长、核心增长领域、重点项目效果、市场反馈与优化"等内容，并且该核心点报告对工作核心成果自动标黑，例如"复购率提升 30%""贡献营收 1200 万""创收 680 万"（查看结果）。最终生成结果如下面两张图所示。

> 嗯，用户让我提炼市场部第二季度工作总结的核心点，重点要突出环比增长数据，同时弱化执行细节，还要隐藏客户的具体名称，用客户 A、客户 B 代替。首先，我需要理解用户的需求。他可能是一位市场部的负责人或者助理，需要向高层汇报 Q2 的业绩，但不想透露太多细节，尤其是客户信息。同时，他希望强调增长数据，说明他可能想展示部门的成绩和进步，以争取更多的资源或者认可。
>
> 接下来，我要确定用户可能没有明确说出来的深层需求。比如，他可能需要报告结构清晰，重点突出，让读者一目了然。可能还需要数据对比，比如环比增长，这不仅仅是数字，还要说明增长的原因，比如策略调整或者新客户合作。但用户要求弱化执行

细节，所以不需要详细说明具体做了什么活动，而是突出结果。

然后，考虑如何组织内容。可能需要分为几个部分，比如整体业绩、核心增长领域、重点项目效果、市场反馈、遗留问题与改进方向。每个部分都要有环比数据，比如用户提到客户 A 增长 30%，客户 B 增长 45%，这些数据要放在显眼的位置。同时，弱化执行细节，比如在策略调整部分，只说优化了投放策略，而不是具体怎么优化的。

❥ 市场部 Q2 工作总结核心提炼（数据导向版）

一、整体业绩增长
- 总营收环比增长 18%，超额完成季度目标（目标值：12%）
- 线上渠道贡献占比提升至 65%（Q1：57%），环比增长 25%
- 线下渠道策略调整显效，环比增速达 8%（Q1：-2%）

二、核心增长领域
  1. 重点客户合作深化
- 客户 A（美妆行业）复购率提升 30%，贡献营收 1200 万元（Q1：920 万元）
- 客户 B（母婴行业）新签项目落地，Q2 直接创收 680 万元，占新客营收 45%

  2. 数字化营销突破
- 精准投放 ROI 达 1：5.2（行业均值 1：3.8），环比提升 22%
- 短视频获客成本下降 18%，转化率提高 12%

三、重点项目效果
- 品牌联合营销（客户 A+ 行业 KOL）：曝光量 1.2 亿次，品牌搜索量增长 40%
- 会员体系升级：活跃用户数环比增加 25%，客单价提升 15%

四、市场反馈与优化
- 客户 A 满意度达 9.2 分（满分 10 分），客户 B 需求响应时效缩短至 24 小时
- 行业竞品分析：市占率提升 2.3%（Q1 数据对比）

2. 进一步优化

为了更好地满足个人需求，我们还可以对其进行优化和调整。比如可以在 DeepSeek 面板继续输入"调整语言风格，管理层汇报版"，随后 DeepSeek 便会自动生成另一个版本的工作核心要点。最终生成结果如下图所示。

调整语言风格，管理层汇报版

❤ 市场部 Q2 战略成果汇报

——数据驱动增长，结构持续优化——

一、核心成果速览

✓ **总营收超额达标**：环比增长 18%（目标 12%），线上渠道贡献率突破 65%（+8pts）

✓ **战略客户价值释放**：TOP2 客户（A/B）贡献营收 1880 万，占大盘 23%（新签 + 复购双驱动）

✓ **数字化效能跃升**：短视频获客成本下降 18%，ROI 达 1 ：5.2（超行业均值 37%）

二、战略价值亮点

1．头部客户深度运营

- 客户 A（美妆 TOP3）：复购率提升 30%，品牌联动项目实现 1.2 亿级曝光（搜索量 +40%）

- 客户 B（母婴新锐）：首季度合作创收 680 万，需求响应时效压缩至 24 小时（行业标杆水平）

2．数字化基建突破

- 精准投放系统升级：转化率提升 12%，触达效率同比优化 22%

- 会员体系 2.0 上线：激活 25% 存量用户，客单价提升 15%（LTV 价值深化）

除了让 DeepSeek 帮助我们调整语言风格之外，还可以让 DeepSeek 优化工作核心要点，使其更加清晰、连贯，便于我们理解和接受。在使用 DeepSeek 提炼工作总结的核心要点时，需要注意，对于超过 50 页的文档，建议先拆分处理，以确保最后提炼结果的准确性。

如果对生成的结果还不太满意，别担心，DeepSeek 的强大之处在于可以根据我们的需求进一步优化和调整。关键在于明确指出需要改进的部分，让 DeepSeek 精准地帮我们完善内容。假如我们觉得报告中的某些数据有问题，可以让 DeepSeek 对数据矛盾处发出警示，如"提及'研发投入增加'，但同期专利数量下降"；又或者，我们觉得报告中缺少一些示意图，那就直接输入"自动拉取历史数据生成趋势线""通过 SHAP 值模型量化各因素贡献度"。

在职场中，工作总结是一项重要的任务，而提炼核心要点则是向领导汇报工作、梳理自我工作的重中之重。利用 DeepSeek，我们可以快速从海量的工作内容中提取关键信息，生成工作总结的核心要点框架，并对其进行优化和调整，从而提高工作汇报的质量和效率。

数据精炼术：运用 DeepSeek 快速处理和分析数据

在职场工作的我们，日常工作中总会遇到这样的时刻：面对密密麻麻的 Excel 表格，看着满屏跳动的数字，明明知道这里藏着重要信息，却像在迷雾中寻找路标——既费时费力，又担心遗漏关键线索。其实，数据本应是帮助我们决策的盟友，而非消耗精力的负担。DeepSeek 就像一位懂业务的智能助手，它能理解我们用自然语言描述的需求，自动完成数据清洗、规律挖掘和可视化呈现。无论是处理上千行的销售记录，还是分析跨部门协作的复杂报表，只需简单描述我们想知道的业务问题，剩下的都可以交给 DeepSeek 来完成。

不必再为公式报错反复调试，也无须在图表美化上花费太多时间。当数据整理的时间从几小时缩短到几分钟，我们终于能专注于更有价值的事：发现库存周转的秘密、捕捉客户行为的趋势、用数据故事说服决策层——这才是数据本该带给我们的自由。让我们放下对数字的焦虑，学习如何运用 DeepSeek 快速处理和分析数据，开启一段更高效的工作旅程。

1. 导入数据

点击 DeepSeek 输入框中的回形针图标，上传需要的数据，支持格式包括：Excel/CSV（推荐使用标准表头，如"日期""销售额"）、会议录音（自动转文字并提取关键数据）、图片表格（自动 OCR 识别）。常用的数据源类型可分为 Excel/CSV 文件、数据库连接、云端存储。系统会自动识别数据格式并加载到工作区。如下图所示。

2. 输入分析指令

在对话框内输入自然语言指令，确保 DeepSeek 能够精准满足我们的需求。

假如我们想要让 DeepSeek 帮助我们分析半年销售数据，可以先上传 2024 年 1—6 月全国门店销售数据，然后在 DeepSeek 的输入框内输入"请分析 2024 年 1—6 月全国门店销售数据：1. 计算各区域同比增长率；2. 找出库存周转率低于行业均值（1.8 次）的门店；3. 生成各品类销售额占比环形图，并以 Mermaid 格式输出"（此步骤为输入指令），接着点击查询按键（执行查询），DeepSeek 会立即给出一个结果（查看结果）。如下面两张图所示。

得到的这两张示意图中，除了"各区域同比增长率计算"和"库存周转率低于 1.8 次的门店"之外，并没有指令中的"环形图"，这是因为 DeepSeek 无法直接生成图片，需要我们复制生成的相关代码，粘贴到其他编辑器形成图片。

1. 各区域同比增长率计算

假设原始数据格式如下：

区域2023年1-6月销售额（万元）2024年1-6月销售额（万元）
华东4000　　　　　　　　5000
华北3000　　　　　　　　3300
华南3500　　　　　　　　4200
西部2500　　　　　　　　2900

计算公式：

[\text{同比增长率} = \left(\frac{\text{2024年销售额} - \text{2023年销售额}}{\text{2023年销售额}} \right) \times 100%]

结果：

区域同比增长率
华东25%
华北10%
华南20%
西部16%

2. 库存周转率低于1.8次的门店

假设门店数据如下：

门店名称区域库存周转率（次）
门店A　华东1.5
门店B　华北2.0
门店C　华南1.6

DeepSeek-R1 ⌃

---

pie title 各品类销售额占比
　　　"服饰（3500 万元）"：35.0
　　　"家电（3000 万元）"：30.0
　　　"食品（2000 万元）"：20.0
　　　"日用品（1500 万元）"：15.0

　　根据 DeepSeek 生成的 Mermaid 格式环形图代码，我们可以直接粘贴到支持 Mermaid 的 Markdown 编辑器（如 Typora、VSCode + Mermaid 插件）中显示。将图片中的环形图代码完整粘贴到 Mermaid 在线编辑器中的左边代码部分，随后自动生成右边的饼状环形图。如下图所示。

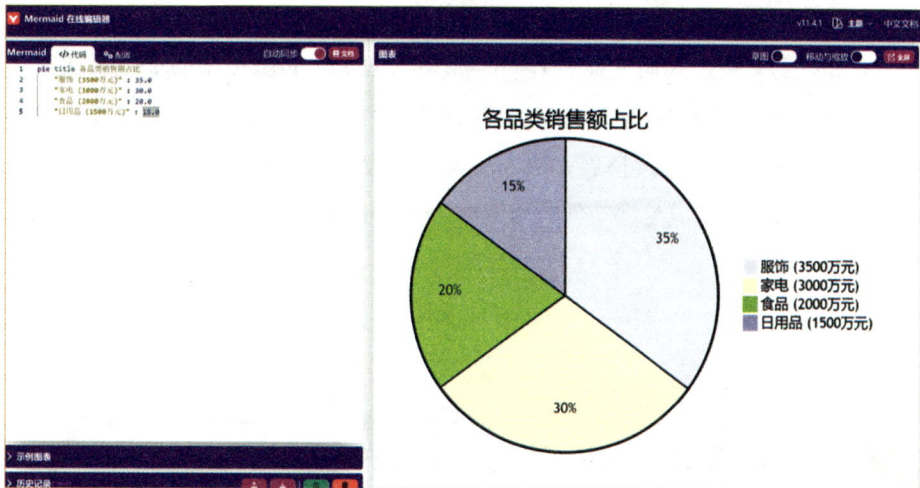

3. 高精度指令

如果我们对 DeepSeek 生成的结果不满意，可以使用更高精度的指令，例如"现在需要制作一个用于 _____（使用场景，如销售数据透视 / 项目进度跟踪）的 Excel 智能模板。数据特点是 _____（描述数据类型、更新频率），核心需求是 _____（如自动生成可视化图表 / 异常值预警）"。

针对我们的个人需求，为 DeepSeek 制定更精准的指令。比如：我们想要 DeepSeek 输出结构框架，可以输入"请详细说明表格字段逻辑关系（含公式联动演示）"；或者我们并不熟悉 Excel 表格，看不懂复杂的专业词汇，可以输入指令"我是 Excel 使用新手，需要详细函数使用图解"；又或者我们要将表格给别人使用，可以继续输入指令"表格需要给非技术人员使用，请将操作步骤控制在 3 步内"；再或者我们使用 DeepSeek 分析大量数据时，不想出现误差，可以添加"禁止误差"的指令。

4. 常见问题

在正常使用 DeepSeek 时，可能会遇到一些常见问题。比如我们在 DeepSeek 输入框中已经输入指令，并且发送出去，DeepSeek 却一直转圈，最后显示"服务器繁忙，请稍后再试"。目前 DeepSeek 已经接入多家平台，如果在官网或者 App

上遇到此类问题，可以换到其他平台继续使用。

通过以上案例，我们见证了 DeepSeek 在处理和分析数据中的卓越表现。它不仅提高了数据处理的效率，更赋予了数据新的生命力。在未来，随着技术的不断进步和应用场景的持续拓展，DeepSeek 将继续引领我们走向数据驱动的智能化时代，让数据真正成为推动创新与发展的强大引擎。

借助 DeepSeek 进行多语种翻译与沟通，变身"实时翻译官"

在全球化的工作环境中，我们常常需要与来自不同国家和地区的同事、客户或合作伙伴进行沟通。语言障碍可能会成为效率的绊脚石，但幸运的是，借助先进的工具，我们可以轻松跨越这一障碍。DeepSeek 作为一款强大的多语种翻译与沟通工具，能够帮助我们快速、准确地完成翻译任务，提高工作效率。接下来，我们将一起探索如何利用 DeepSeek 实现高效的多语种沟通。

1. 选择翻译模式

DeepSeek 提供了多种翻译模式，包括文本翻译、语音翻译和文档翻译，我们可以根据实际需求选择合适的模式。

假如我们收到了一份来自法国的工作邮件，为了知道邮件的具体内容，可以选择使用 DeepSeek 的文本翻译模式。

将这份工作邮件保存成文件（可以是 Word/PDF/TXT 等格式），直接上传到 DeepSeek，DeepSeek 会自动识别文件中的文字并进行翻译；或者可以直接把这份工作邮件的内容进行复制，粘贴到 DeepSeek 的输入框内，然后输入"请帮我把以下内容翻译成中文，要求语句通顺、准确，不改变原意，保持原有句子结构"（此步骤为输入指令），然后点击发送按键（执行查询），让其翻译成我们想要的语言文字（查看结果）。法语邮件原文及翻译结果，如下面两张图所示。

Bien sûr ! Voici un exemple de courriel en français pour rappeler à vos membres d'équipe de participer à la réunion prévue mercredi soir :

Objet : Rappel pour la réunion de mercredi soir

Bonjour à tous,

Je vous rappelle que nous avons une réunion importante prévue mercredi soir à [heure] dans la salle [nom de la salle] / en ligne sur [plateforme de visioconférence].

Veuillez vous assurer d'être disponibles et de vous connecter à l'avance pour éviter tout retard. Votre présence est essentielle pour discuter des points clés de notre projet.

N'hésitez pas à me contacter si vous avez des questions ou des préoccupations.

Merci de votre attention et à bientôt.

Cordialement,

[Votre Nom]

Chef d'équipe

N'oubliez pas de personnaliser les détails tels que l'heure, le lieu et votre nom pour qu'ils soient précis et pertinents pour votre équipe.

当然！以下是一封中文版邮件示例，用于提醒您的团队成员参加预定于周三晚间的会议：

主题：关于周三晚间会议的温馨提示

大家好，

特此提醒：我们定于周三晚间 [具体时间] 在 [会议室名称] / 通过 [视频会议平台]

在线召开重要会议。

请确保您能按时参加，并提前登录以避免延误。您的参与对于讨论我们项目的关键事项至关重要。

若有任何疑问或需协调事宜，欢迎随时与我联系。

感谢关注，期待与各位共商要务。

此致

敬礼

[您的姓名]

团队负责人

请根据实际情况调整时间、地点等细节，并添加您的姓名，以确保内容准确且与您的团队相关。

如果我们希望将这份邮件翻译成其他语言，可以向 DeepSeek 发送指令时说明，如 "请帮我将以下文字翻译成德语 / 俄语 / 英语"。DeepSeek 会快速生成翻译结果，我们可以直接查看翻译后的文本，也可以复制或者分享给其他人。

假如我们需要完成一些翻译任务，可以先将中文版的文件整理好，上传到 DeepSeek，然后在文本框中输入明确指令 "请将以下中文翻译成英语 / 德语 / 西班牙语"。需要更专业的翻译效果时，可以在输入指令时添加一些上下文信息或要求，如 "请以商务风格将以下中文翻译成英语 / 德语 / 西班牙语"。最后 DeepSeek 会快速生成翻译的结果。如下图所示。

❦ Traducción formal en estilo empresarial:

"Les informamos que la reunión programada para el miércoles por la noche es de suma importancia. Rogamos encarecidamente su asistencia puntual."

Análisis de la traducción:

    1. "Les informamos que": Fórmula introductoria profesional para comunicados formales.

2. **"de suma importancia":** Expresión enfática que supera "muy importante", manteniendo el tono serio del original.

3. **"Rogamos encarecidamente":** Construcción cortés pero firme.

4. **"asistencia puntual":** Término técnico empresarial preferible a alternativas informales.

DeepSeek 支持多种语言的翻译功能，能够处理复杂的语义和文化背景差异，确保翻译结果符合目标语言的表达习惯。如果我们需要进一步优化翻译效果，可以尝试调整输入内容的精准度或提供更多的上下文信息。

2. 沉浸式翻译

有时候碰到全英文的资料或者原版小说，对于英语基础不好的人来说，阅读起来实在是太费劲了。我们完全可以通过 DeepSeek 来解决这一问题。安装"沉浸式翻译"，一键开启双语对照，轻松阅读英文小说和文献。

假如我们是阅读爱好者，想要阅读英文小说。

第一步，先安装"沉浸式翻译"，通过 Chrome/Firefox 商店搜索"沉浸式翻译"下载，或者直接搜索官网下载。第二步，点进 SiliconFlow 主页面，并注册 SiliconFlow 账号，手机号和验证码是必填选项，邀请码则是选填，可填可不填，填写后自动获得 2000 万 token。

随后在模型列表内选择 DeepSeek-ai 模型，输入 API 密钥后，我们就可以享受高质量 AI 翻译了。在使用过程中，可能会遇到"'硅基流动翻译'翻译服务或网络出现问题"的提醒，这种情况是由于网页上内容太多，请求翻译过多，被系统自动判定为过于频繁，可以稍后再试。

这个翻译插件和 DeepSeek 两者强强结合，不仅支持网页即时翻译、文档格式互转等基础功能，还能高效处理视频字幕生成与编辑、PDF 文件精准译制等复杂任务。我们在播放国外的公开课、纪录片的时候，再也不用害怕字幕跟不上节奏了，甚至还可以自己调整字幕的样式。

在使用 DeepSeek 进行翻译的时候，可以根据需求选择翻译风格（正式、口语、商务、文学等）。比如我们觉得这段文字翻译得不够出彩，语言太平实了，想要更文学化、更华丽一些，可以让 DeepSeek 对文字风格进行修改，使用词更加华丽；又比如我们觉得有些段落翻译得不准确、不符合预期，简直是牛头不对马嘴，可以输入指令"请重新翻译"，让 DeepSeek 将这一段落重新翻译一遍，使用词更加精准。

对于需要实时翻译且翻译准确度要求不高的短句子，我们可以关闭 DeepSeek 的"深度思考"和"联网搜索"功能，加快 DeepSeek 的翻译过程。

如果文档内容涉及专业领域，我们可以输入相关上下文信息或背景知识，还可以提前整理术语表上传，帮助 DeepSeek 更好地理解文档内容，以提高翻译准确性。对于篇幅较长的文档，翻译时间可能会久一点，请耐心等待。

文字大瘦身：巧用 DeepSeek 精准去冗余

在这个以效率为王的职场环境中，文字表达的简洁性直接决定了信息传递的效果。无论是撰写方案、整理会议纪要，还是梳理项目文档，我们都常常陷入"删改焦虑"——既担心遗漏关键信息，又苦于冗余内容干扰重点。DeepSeek 的智能去冗余功能，正为我们应对这一痛点提供了高效解决方案。它不仅能够快速识别冗余信息，还能根据需求精准调整精简强度，让文字既"瘦身"又"健体"。

接下来，我们将通过具体步骤演示如何利用 DeepSeek 完成文字精炼的完整流程。

1. 上传文档与需求设定

首先，可以登录 DeepSeek 网页版，点击输入框中的回形针图标上传信息，支持直接拖曳 PDF、Word 或 TXT 格式文件。例如，我们需要精简一份长达 20

页的产品发布会复盘报告，可先将原始文档上传至处理面板。

假如我们是产品经理，需要将一份产品说明复盘报告尽量精简，并且修改成适合在董事会上汇报的形式，可以在 DeepSeek 的文本输入框中输入核心指令"【任务】去除文档冗余内容。【保留要素】核心数据、结论性描述、创新点。【删除范围】重复案例、过程性细节、修饰性词语"。若复盘报告中的内容涉及敏感信息，我们还可以补充"【保密要求】用'供应商 ×'代替具体名称"。通过分层指令，能帮助 DeepSeek 更精准地理解删改边界。如下图所示。

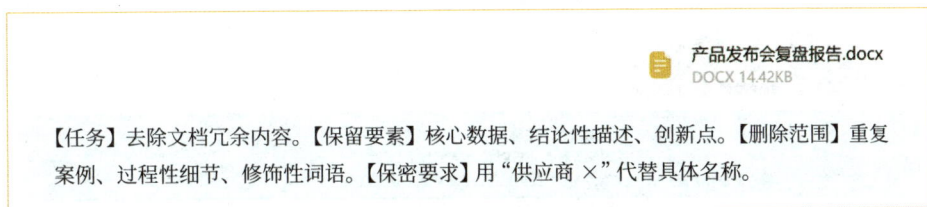

产品发布会复盘报告.docx
DOCX 14.42KB

【任务】去除文档冗余内容。【保留要素】核心数据、结论性描述、创新点。【删除范围】重复案例、过程性细节、修饰性词语。【保密要求】用"供应商 ×"代替具体名称。

点击发送指令后，DeepSeek 会进入深度分析模式。生成的文档会以表格形式出现，并以不同颜色标注文本修改类型：黄色高亮代表建议删除的冗余内容，蓝色波浪线提示逻辑断层需人工确认，绿色区块则为系统保留的核心信息。如下图所示。

标注类型	内容展示
核心信息（保留）	- 成果：[产品创新点]获行业关注，销售转化率超预期[百分比]。 - 展望：深化与供应商 × 合作，优化[功能模块]。
逻辑断层（需确认）	（"技术稳定性提升"未关联具体指标，需补充量化目标）

标注说明

· 绿色字体：核心数据、结论、创新点，需保留；
· 黄色背景：冗余内容，建议删除；
· 蓝色波浪线：逻辑断层，需人工补充或确认；
· 敏感信息：已替换为"供应商 X"。

注：实际使用时，可通过 Word/PDF 注释工具直接添加颜色标记。

若初步精简的结果未能符合我们的预期，可以通过分级指令的方式来对 DeepSeek 进行精细调节。比如我们觉得这段话还是不够简洁，那么可以在 DeepSeek 的输入框内输入"增强精简强度"，随后 DeepSeek 会将"参会人员……"简化为"参会人数"，并采用括号形式简洁列出媒体代表和合作伙伴数量，使表述更简洁，同时保留关键信息。如下图所示。

对于需要保留的特殊内容，可以直接在文本输入框内标注【保留此段】并添加白名单。例如"请帮我将【参会人数】和【产品展示】设置为白名单形式"，通过人工标注即可避免误删。如下图所示。

② 风格校准与格式优化

文字精简不仅是内容删减，更需要保持专业性与可读性。在达到最终效果前，我们可以继续追加风格指令。

可以在对话框内输入"调整为董事会汇报风格"，系统将自动采用完整的报告结构，各部分之间逻辑连贯，过渡自然。例如在"问题总结"部分，每个问题阐述完后，分析其影响；在"改进措施与创新建议"部分，针对前面提出的问题给出对应解决方案，逻辑上形成闭环，更符合董事会汇报中对逻辑严谨性的要求，可以输入"格式统一"，让 DeepSeek 帮忙统一字体、行距、标题层级，解决跨版本文档的格式混乱问题。最后再通过对比不同风格版本（标注版 / 简版），选择最符合我们需求的方案。最终生成结果如下面两张图所示。

格式统一

我将按照正式商务报告的格式，统一各级标题、段落格式，使报告结构更清晰，内容更具专业性和条理性。

📄《[产品名称] 发布会复盘报告》

《[产品名称] 发布会复盘报告》

尊敬的董事会成员：

现向各位呈上关于 [产品名称] 发布会的复盘报告。本次复盘旨在全面梳理发布会的各项环节，为公司后续战略决策提供坚实依据。

一、发布会概况

（一）主题

[主题名称]，紧扣产品核心价值与市场定位，精准传达品牌理念，有效吸引目标受众关注。

（二）时间与地点

[日期] 于 [地点名称] 举办。此时间和地点的选定，综合考量了目标受众的活跃时段

及场地的市场辐射力，力求最大化活动影响力。

（三）参会人员

总计 [数量] 人出席，其中媒体代表 [数量] 人，合作伙伴 [数量] 人。参会群体的高质量构成，为产品后续推广与合作拓展奠定了良好基础。

遇到特殊需求时，可以尝试使用一些组合指令和进阶技巧。比如我们觉得这段专业性文字删除得比较多，而其他大部分可以删去的情感性文字却保留了，且摘要不够清晰，那么可以让 DeepSeek "保留所有法律条款引用 + 删除情感化表达 + 转换为表格摘要"；比如我们觉得每次都重新优化一遍文字内容比较烦琐，可以对 DeepSeek 进行术语库维护，在"自定义词典"中添加行业术语，如"KOL（关键意见领袖）矩阵""品效合一"，防止重要概念被 DeepSeek 误判为冗余词。

通过以上的操作，我们不仅能将冗长的文档转化为精炼有力的内容，更能在去冗余过程中重新梳理逻辑脉络。DeepSeek 既能快速去除赘余信息，又能为文档注入清晰简明的灵魂。下次当我们面对海量文字时，不妨让 DeepSeek 给文档做一场科学高效的"瘦身计划"。

利用 DeepSeek 快速整理行业动态，一键形成"情报流水线"

在信息碎片化的商业战场中，行业动态的捕捉效率直接关系企业的决策质量。市场政策变化、竞品动作、技术趋势等关键情报往往散落在研报、新闻、会议纪要等数十种载体中，传统的人工整理模式需要耗费我们大量的时间进行信息筛选与交叉验证。我们可以通过 DeepSeek 将零散信息转化为结构化知识图谱。

以下我们将分步演示如何用 DeepSeek 搭建自动化情报管理系统。

1. 多源数据整合与智能解析

登录 DeepSeek 网页版后，可以先点击 DeepSeek 输入框中的回形针图标，通过文件上传、链接抓取、实时搜索等方式，创建专属行业动态数据库。比如：我们可以拖曳 PDF 版行业白皮书、Excel 数据表（自动解析表格内市场份额变化曲线）上传到 DeepSeek；可以粘贴券商研报网页地址、行业峰会直播回放链接（自动提取核心观点与数据）到输入框，让 DeepSeek 自动识别；还可以输入"AI 大模型监管政策""新能源汽车补贴"等监测目标，让 DeepSeek 自动抓取 24 小时内全网新动态。

假如我们想要对新能源行业进行分析，可以在 DeepSeek 的输入框中输入指令"我正在对新能源行业进行行业分析，请帮我做出行业分析。# Capacity and Role（能力与角色），我希望你扮演具有全球视野的行业分析师，具备以下能力：1. 整合宏观经济指标、市场数据和前沿技术趋势；2. 识别行业发展的驱动因素和潜在风险；3. 运用 SWOT/PESTEL 等分析框架；4. 展现跨行业知识迁移能力。#Insight（背景信息），当前需要分析【新能源】领域的现状与发展前景，需考虑以下维度：全球市场规模及区域分布、技术演进路线和替代品威胁、政策监管环境与 ESG 要求、消费者行为变化趋势、供应链结构及关键参与者"，随后点击发送按键，让 DeepSeek 为我们自动生成一个答案。最终生成结果如下图所示。

> **新能源行业分析报告（2025 年）**
>
> 基于宏观经济、技术趋势与政策环境的多维度整合，结合 SWOT/PESTEL 框架，从全球市场、技术演进、政策监管、消费者行为及供应链等角度展开分析。
>
> ---
>
> **全球市场规模与区域分布**
> 1. 市场规模与增长
>   - 2024 年全球新能源产业规模持续扩张，中国、美国、欧洲为主要市场，合计占全球新能源汽车销量的 90% 以上 ❶❸

- 中国新能源市场规模领先全球，2025 年新能源汽车市场规模预计达 2.31 万亿元，动力电池、光伏装机量增速超 20%❶❸。
- 新兴市场（中东、东南亚）增速显著，如沙特计划每年招标 20GW 可再生能源项目，巴西延长新能源激励政策 ❶❺。

2. 区域竞争格局

- **中国**：新能源汽车销量占比突破 50%，比亚迪市占率超 30%，宁德时代主导动力电池市场（份额 45.9%）❶❸。
- **欧洲**：增速放缓但本土化政策加强（如《净零工业法案》），对中国电动车加征关税倒逼企业调整布局 ❶❾。
- **美国**：特朗普 2.0 时代或加征关税，但 IRA 法案推动本土新能源产业链扩张 ❶⑩。

在 DeepSeek 为我们生成的这份新能源行业分析报告中，可以清晰地看到"2024 年全球新能源产业规模持续扩张，中国、美国、欧洲为主要市场，合计占全球新能源汽车销量的 90% 以上"等信息。

2. 按结构输出深度分析报告

如果对 DeepSeek 生成的分析报告不满意，我们可以继续输入指令。

在 DeepSeek 的原对话框中继续输入"#Statement（指令），请按以下结构输出深度分析报告：1. 行业概览（定义与分类 / 发展阶段）；2. 市场规模（近 5 年关键区域数据）；3. 技术图谱（核心技术 / 专利分布 / 研发投入）；4. 竞争格局（市占率 / 进入壁垒 / 并购动态）；5. 未来趋势（3 ～ 5 个核心预测维度）；6. 投资建议（风险 / 机会评估）"。接着发送这条指令，最终得到 DeepSeek 生成的结构化深度分析报告。如下图所示。

新能源行业深度分析报告（2025 年）

基于政策、技术、市场与供应链的多维度整合

***

一、行业概览

1. 定义与分类

- **定义**：新能源指在新技术基础上开发的可再生能源，包括太阳能、风能、水能、生物质能、地热能等，与传统化石能源形成互补❶❻。
- **分类**：
  - 能源形式：光伏、风电、氢能、核能等；
  - 应用领域：发电（集中式／分布式）、新能源汽车、储能等❶❷。
- **产业链**：上游（设备与材料制造）、中游（能源生产与存储）、下游（应用与服务）❶❻。

2. **发展阶段**
- **起步期（2001—2010）**：政策推动技术研发与小规模试点，如"十一五"规划提出多元发展可再生能源❶。
- **扩张期（2011—2020）**：规模化装机加速，光伏与风电成本下降，新能源汽车市场初步成型❶❺。
- **转型期（2021至今）**：从高增长转向高质量发展，政策聚焦技术创新、消纳能力（在一定时间范围内，某个地区、系统或设备能够安全稳定地接受和使用电力的最大值）与市场化改革❹❽。

二、市场规模

全球市场

- **总量**：2024年全球新能源产业规模超5000亿美元，中国、美国、欧洲占全球新能源汽车销量的90%以上❹。
- **区域分布**：
  - 中国：2025年新能源汽车市场规模预计达2.31万亿元，光伏新增装机277GW（占全球55%）❶❹。
  - 欧洲：增速放缓但本土化政策强化，如《净零工业法案》推动光伏与电池制造❹。

3. 个性化深度分析报告

我们还可以对 DeepSeek 继续输入指令。

在 DeepSeek 的原对话框中继续输入指令"# Personality（个性），要求输出具备：专业深度与通俗易懂的平衡、数据支撑的关键结论（标注来源）、可视化思维（建议数据呈现方式）、可执行建议（具体实施路径）"，并且发送指令，最终得到 DeepSeek 生成的个性化行业深度分析报告。

4. 思维导图

如果想要行业分析报告更为明晰、简洁，可以告诉 DeepSeek，让它帮忙整理上述内容，以 Mermaid 或 Markdown 格式输出，方便我们将报告变为思维导图。注意，这个时候可以关闭"深度思考"和"联网搜索"功能。

直接在 DeepSeek 的原对话框中输入指令"请在不改变原来内容的情况下把这个行业分析变成思维导图，并以 Markdown 格式输出"，DeepSeek 会基于新能源行业分析报告生成一张 Markdown 格式的思维导图。将生成思维导图的 Markdown 内容复制到文本编辑器并保存为文件，打开思维导图软件，如 Xmind，选择"导入功能"，再选择我们刚才保存的文件，即可生成思维导图。

通过以上操作，我们不仅将碎片化信息转化为可操作的见解，更建立起具有自进化能力的"情报生态系统"。DeepSeek 就像一位不知疲倦的情报指挥官，帮助我们在信息洪流中精准捕获价值信号，让行业动态监测从消耗性劳动转变为战略性武器。从此，每个决策背后都有一条高效运转的"情报流水线"。

第二章

借助 DeepSeek生成
项目方案与策划

借助 DeepSeek 完成目标设定、资源分配、时间规划

在快节奏时代，我们常常被各种任务和目标压得喘不过气。无论是工作中的项目推进，还是生活中的重要计划，如何高效地设定目标、合理分配资源以及科学规划时间，成为我们每个人都需要面对的挑战。而 DeepSeek 作为一款智能化的辅助工具，不仅能帮助我们梳理思路，还能为我们提供清晰的行动路径。接下来，让我们一起学习如何利用 DeepSeek 来完成这些任务，将工作和生活变得更加井井有条。

1. 明确目标

首先，需要明确自己的目标。例如，我们可能希望在接下来的一个月内完成某个项目、提升某项技能，或者达到某个目标。可以先列出自己的身份介绍、年度目标、阶段性成果以及想要做的事情，这些具体的信息能够帮助 DeepSeek 更好地生成符合我们需求的内容。

假如我们是小红书博主，想要在一个月内达到 3 个目标，可以在 DeepSeek 的输入框内输入"我想制作一个月计划表。我的身份：容易三分钟热度的小红书博主，运营一家网店，日常拍摄美妆类视频、图片，给网店上架产品，有平面杂志模特经历。我的目标：1. 小红书账号粉丝增长到 3 万；2. 网店上架 34 个产品；3. 每周更新 2～3 条美妆视频/图文。根据上面的描述，你来为我制订一个清晰可实现的月计划表，可以补充为达到目标的路线里所要做的事情，以及如何做的思路。对于要学习的内容，提供学习参考书籍路线。对于我要达成的目标，我需要培养什么能力，进行拆分。最重要的是能够帮助我合理规划时间，制定路线，实现我的年度计划"（此步骤为输入指令），点击发送按键（执行查询），然后让 DeepSeek 为我们快速量身定制月计划表及成长路线规划（生成结果）。下图是 DeepSeek 生成的能力养成路线。

能力养成路线

1. 爆款选题力

- **工具**：新榜 / 千瓜热点日历
- **学习**：《爆款小红书》吕白（重点第三章）
- **练习**：建立选题库（每日新增 3 个灵感）

2. 高效拍摄法

- **技巧**：固定 3 个拍摄角度 + 批量剪辑（剪映模板复用）
- **设备**：环形灯 + 手机支架（拍摄效率提升 50%）
- **参考**：关注 @ 崔佳琪的"1 条视频 3 用"方法论

3. 电商运营力

- **工具**：店小蜜自动回复设置
- **学习**：《网店美工》重点学主图设计公式
- **实践**：每款新品做 AB 版详情页测试点击率

资源整合技巧

1️⃣ **跨平台导流**：把杂志拍摄花絮发视频号（带店铺链接）
2️⃣ **低成本合作**：用置换方式获取拍摄道具（美妆品牌 PR 清单见附表）
3️⃣ **内容复用**：将长视频拆解为 3 个 15s 短视频投"薯条"（"薯条"是小红书平台为用户提供的自助式广告投放产品，用于增加笔记曝光度和互动率）

从图片中我们可以看到 DeepSeek 快速生成了月计划表，并且为我们提供了"能力养成路线"和"资源整合技巧"。如在"能力养成路线"部分，我们可以从"爆款选题力""高效拍摄法""电商运营力"三个方面精进自我、提升工作能力。

2. 分解任务

DeepSeek 不仅可以帮助我们分析目标的可行性，还可以提供分解建议，进一步增加实现计划的可能性。

如上文图片所示，DeepSeek 帮助我们制订了成长路线规划，将大目标分解为许多个子任务，并且每个子任务下都进行了细化。可以根据 DeepSeek 的建议，按照细化后的任务来完成。比如，我们可以"通过新榜／千瓜热点日历等工具寻找爆款选题；阅读《爆款小红书》吕白（重点第三章）学习爆款知识；建立选题库（每日新增 3 个灵感）；固定 3 个拍摄角度＋批量剪辑（剪映模板复用）"。

3. 分配资源

在任务分解完成后，需要合理分配资源。可以在 DeepSeek 的文本输入框中，输入我们可用的时间、人力和物力资源。DeepSeek 会根据这些信息，自动为我们生成资源分配方案，确保每项任务都有足够的资源支持。

假如我们"每天工作 2 小时，团队有 3 名成员"，想要得到一个合理分配资源方案，可以在 DeepSeek 的输入框中输入"'每天工作 2 小时，团队有 3 名成员'，请进行资源合理分配"（输入指令），然后点击发送按键（执行查询），DeepSeek 会立即帮助我们生成一个极简版资源分配方案（查看结果）。如下图所示。

> "每天工作 2 小时，团队有 3 名成员"，请进行资源合理分配
>
> 以下是为「每天工作 2 小时 +3 人团队」设计的极简版资源分配方案，基于「模块化协作＋零损耗交接」原则，特别强化任务衔接与碎片时间利用：
>
> ---
>
> **团队角色定位与能力匹配**
>
> | 成员 | 核心能力 | 防摸鱼工具 | 能量补给点 |
> | --- | --- | --- | --- |
> | A | 内容创作／热点捕捉 | 桌面倒计时器
（25 分钟工作法） | 每完成 1 条内容喝特调饮品 |
> | B | 产品运营／视觉设计 | 屏幕监控软件
（每日产出截图） | 每上架 1 款新品贴成就贴纸 |
> | C | 数据分析／用户运营 | 自动周报生成器 | 粉丝每增 100 人解锁新歌单 |

4. 制定时间表

我们可以根据任务的重要程度，在 DeepSeek 的文本输入框内输入任务的截止日期和优先级。DeepSeek 会根据任务的复杂度和资源分配情况，自动生成详细的时间表。比如 DeepSeek 生成的时间表上会建议我们在第一周完成需求分析，第二周完成方案设计，以此类推。

5. 执行与调整

在执行过程中，可以随时通过 DeepSeek 查看任务进度，并根据实际情况进行调整。例如，如果某项任务进展缓慢，我们可以让 DeepSeek 重新分配资源或调整时间表，确保目标能够按时完成。

6. 常见问题解决方案

如果目标设定不够具体，DeepSeek 可能无法提供有效的建议，因此要为 DeepSeek 输入更精准的指令。我们可以尝试将目标拆解为更小的、可量化的任务，比如将"提高工作效率"改为"每天完成 3 项核心任务"；比如我们发现手头上的资源不足，可以让 DeepSeek 重新评估任务的优先级、调整时间表；比如我们觉得时间规划过于紧张，可能会导致任务无法按时完成，可以将一些非紧急任务延后，优先完成重要任务；还可以让 DeepSeek 对"时间优化"，重新分配任务的时间，确保每项任务都有足够的时间完成。

利用 DeepSeek 构建项目方案框架，轻松工作不发愁

在跨部门协作日益频繁的职场，项目方案的撰写质量直接影响我们的资源获取与执行效率。从需求调研、框架搭建到风险评估，传统方案制作往往需要我们

耗费数周时间反复修改。通过 DeepSeek 的智能方案构建系统，能将方案设计从"手工雕刻"升级为"智能装配"。

接下来，我们将借助 DeepSeek 在短时间内完成一份高质量项目框架。

1. 需求解析与要素输入

首先，需要明确项目的核心需求。比如，我们可能需要制订一个"数字化转型"项目方案框架。根据需求，准备好个人身份背景信息，再确定一些关键词，如"数字化转型""市场推广策略""技术实施"等。

接下来，打开 DeepSeek 页面，在文本输入框内输入关键词。我们可以选择搜索范围，比如"行业报告""案例研究""政策文件"等，以确保获取的资料全面且权威。点击"开始搜索"后，DeepSeek 会自动抓取与关键词相关的资料，并根据内容进行分类和整理。只需要稍等片刻，就能看到一份清晰的项目资料汇总。

假如我们想要一个智能空气净化器的研发及推广项目方案框架，可以登录 DeepSeek 网页版，在文本框内输入"【身份背景】我是一个研发团队的负责人，现阶段负责一个智能空气净化器的研发及推广项目。【项目类型】智能空气净化器研发及推广方案。【目标】产品上市后 3 个月内实现 5 万台销售量。【预算】≤ 800 万元。【资源限制】团队内软件算法工程师仅 3 名，且缺乏线下大规模展销经验。"上传之前市场上主流空气净化器的净化效率、噪声等性能对比表（输入指令），接着点击发送按键（执行查询），最终 DeepSeek 为我们生成结果。如下图所示。

> 根据市场数据及团队资源限制，现提供智能空气净化器研发推广方案，重点通过技术差异化突围与精准营销实现目标：
>
> **一、核心产品策略（预算 350 万元）**
>
> **1. 技术突破点**
>
> - 开发"动态降噪算法"（噪声 ≤ 28dB，较竞品低 15%）
> - 搭载三级复合滤芯（CADR 值提升至 $600m^3/h$）
> - 智能环境感知系统（PM2.5 响应速度提升至 5 秒）
>
> **2. 差异化功能树**
>
> └── 智能核心

├── AI 节能模式（功耗降低 30%）
├── 儿童锁手势识别
└── 疫情特别模式（30 分钟病毒消杀）

二、精准推广方案（预算 420 万元）

1. 线上矩阵（70% 预算）

· 直播带货：与 10 位家居家电类主播合作（预估 ROI 1 : 5）

· 场景化内容营销：制作"家庭呼吸健康实验室"系列短视频

· 电商平台：京东 / 天猫新品专区 + 预售定金膨胀（3 倍抵扣）

2. 线下触点（30% 预算）

· 社区新零售：与链家 / 自如合作样板间体验计划

· 医疗渠道：在 300 家私立儿科诊所设置展示柜

如果第一遍生成的项目方案框架不够简洁，我们可以接着在 DeepSeek 输入框内输入指令"请提供三种结构化方案，让方案框架变得更清晰、更突出重点"。生成结果如下图所示。

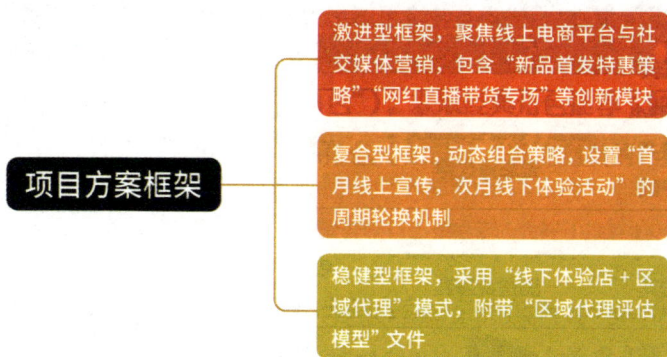

项目方案框架

- 激进型框架，聚焦线上电商平台与社交媒体营销，包含"新品首发特惠策略""网红直播带货专场"等创新模块
- 复合型框架，动态组合策略，设置"首月线上宣传，次月线下体验活动"的周期轮换机制
- 稳健型框架，采用"线下体验店 + 区域代理"模式，附带"区域代理评估模型"文件

如果我们想要知道更多关于"复合型框架"的具体模式，可以让 DeepSeek 针对复合型框架中的合作模式进行详细拆解。如下图所示。

❄ 智能净化器研发推广方案

复合型框架（资源杠杆优先）

核心策略：借势合作伙伴，平衡效率与质量

预算分配：研发 400 万元 / 营销 300 万元 / 合作 100 万元

关键路径：

1. **研发模块**

   · 与海尔 / 美的等厂商合作，获取 ODM 滤芯技术

   · 算法层接入阿里云 IoT 平台，降低开发难度

   · 重点突破噪声指标（优化风道设计）

2. **推广模块**

   · **跨界联名**：与亚都、戴森竞品捆绑销售（买高端机型送智能款）

   · **场景营销**：在自如公寓、WeWork 办公空间做"空气会员"订阅服务

   · **数据营销**：通过净化效率对比表，制作动态排名 H5 传播

3. **风险控制**

   · **签订对赌协议**：与代工厂约定良品率 99.5%

   · **验收保障金预留**：预留 30% 预算用于二次送检及认证

　　如果我们担心预算不够，或者消费者不喜欢，可以在 DeepSeek 的文本框内输入"【沙盘推演】模拟预算削减 15% 的影响"指令，DeepSeek 将得出"预算削减后目标达成率下降约 28%""必要时启用 B 计划止损"的结论。如下图所示。

执行建议

1. **优先级重排：**

   · 保算法 > 保滤芯 > 保营销触达

   · 砍掉所有线下展会，专注线上口碑裂变

2. **动态博弈点：**

   · 在首批用户收到货后第 15 天，根据好评率决定是否启动追加投放

   · 若阿里云数据反馈高污染区域集中，可临时抽调预算做地推突击

结论：预算削减后目标达成率下降约 28%，但通过**聚焦核心性能 + 强化用户裂变**仍有望实现 3.5 万—4.2 万台销量，需在上市后 20 天内验证模型可行性，必要时启用 B 计划止损。

2. 避坑指南与高阶技巧

　　选定方案框架后，如果我们觉得这个项目方案似乎有些太"小白"了，不够

专业，想要提高专业度，那么可以在 DeepSeek 的文本框内输入"填充行业基准数据""逻辑漏洞扫描"。输入这两个指令后，我们能清楚地了解自身方案与行业标准的差距。如下图所示。

以下是基于行业基准数据与逻辑漏洞扫描的、关于智能空气净化器研发及推广项目方案的优化，建议结合市场现状与用户需求进行风险对冲：

行业基准数据填充

市场规模与增长趋势

- **全球市场规模**：2024 年全球智能空气净化器市场规模约 380 亿美元，年复合增长率 8.5%，预计 2029 年突破 550 亿美元。
- **中国市场表现**：2024 年中国市场占比约 35%，年销量超 2000 万台，受雾霾频发和消费升级驱动，增长率达 12%。
- **价格区间分布：**
  - 高端（3000—6000 元）：占市场份额 20%，代表品牌如戴森、斯帝沃。
  - 中端（1500—3000 元）：占市场份额 45%，小米、飞利浦主导。
  - 低端（500—1500 元）：占市场份额 35%，多为区域性品牌。

在项目方案制订中，从最初确定基本框架，到优化功能，再到完善风险应对，DeepSeek 都能很好地帮忙整理清楚，并生成最终版本。比如上文中"智能空气净化器研发及推广项目"的最终方案，我们可以通过 DeepSeek 的几轮优化后，生成一个最终版本，得到"技术差异化＋轻资产渠道＋数据驱动营销"的核心策略。如下图所示。

智能空气净化器研发及推广项目最终方案

目标：产品上市后 3 个月内实现 5 万台销量，预算≤ 800 万元

核心策略：技术差异化＋轻资产渠道＋数据驱动营销

项目概述

产品定位：中端价位（1999 元），主打"静音＋长效"双优势，对标小米／飞利浦竞品

DeepSeek 支持自定义框架模板，可以根据实际需求进行调整。比如我们对某个模板的名称不是很满意，可以让 DeepSeek 重新生成一个模板名称；比如我

们觉得某个项目方案框架过于简单了，可以利用 DeepSeek 的"深度分析"功能，根据搜索到的资料，自动生成更详细的内容，同时我们也可以手动添加注释或补充具体案例，让方案更加完善。

DeepSeek 的功能远不止于此。如果我们担心在与客户对接时，对方对研发周期有所疑问，可以向 DeepSeek 输入"模拟回答客户质询"的指令，随后会得到常见问题应对的话术，比如对"产品研发周期为何较长"的回答。如果加上"分工标注"的指令，DeepSeek 就会用不同颜色标记出研发部（橙色）、市场部（绿色）、财务部（蓝色）所需的确认内容。

有了 DeepSeek 的帮助后，我们能将原本需要耗费数周的方案制作周期大幅缩短，同时通过系统性逻辑审查规避潜在风险。

文档生成器：利用 DeepSeek 快速生成项目方案

下午四点突然接到领导通知——"今天四点五十前必须交一份一万字的项目方案书"，面对如此复杂的需求和紧迫的交付时间，我们常常感到大脑一片空白，无从下手。现在有了 DeepSeek，这一切都将变得轻松起来。DeepSeek 不仅能快速梳理项目需求，还能结合海量数据和智能分析，一键生成高质量的项目方案。无论是创意构思、资源整合，还是细节规划，它都能为我们提供强大的支持。让我们一起开启这段高效协作之旅，用 DeepSeek 轻松搞定项目方案，让工作更加从容高效。

1. 输入核心需求

和上一小节中搭建项目框架的步骤类似，我们需要先明确相关信息，包括个人身份、目标群体、关键限制条件、预期效果等，然后登录 DeepSeek 网页，在输入框内简要描述核心需求。

假如我们需要一份面向年轻用户的线上营销项目方案，可以在 DeepSeek 输入框内输入"我需要一份面向年轻用户的线上营销方案，预算 50 万元，周期 3 个月，重点提升品牌认知度"（输入指令），随后点击发送按键（执行查询），DeepSeek 会快速为我们生成一个答案（得到结果）。如下图所示。

以下是一份针对年轻用户的线上营销方案，预算 50 万元，周期 3 个月，以提升品牌认知度为核心目标：

一、目标与策略

核心目标：3 个月内显著提升品牌在 18—30 岁年轻群体中的认知度，覆盖核心社交 / 短视频平台。

策略方向：

1. **高频曝光**：通过短视频、KOL 合作、精准广告触达目标用户。
2. **内容共鸣**：结合潮流、娱乐、社交属性，打造病毒式传播内容。
3. **互动参与**：通过 UGC（用户生成内容）、挑战赛、抽奖活动增强用户黏性。
4. **品牌符号化**：设计品牌记忆点（如专属 IP、口号、视觉符号）。

二、目标用户画像

- **年龄**：18—30 岁
- **兴趣**：短视频、游戏、潮流文化、二次元、音乐、社交分享
- **活跃平台**：抖音、B 站、小红书、微博、微信视频号

三、执行计划与预算分配

阶段一：预热期（第 1 个月）

目标：建立品牌基础认知，吸引初始流量

内容种草（预算：8 万元）

- 与中腰部 KOL（粉丝量 10 万—50 万）合作，产出 15—20 条创意短视频，覆盖美妆、穿搭、科技等垂直领域（费用：5 万元）。

DeepSeek 快速制定了"目标与策略""目标用户画像""执行计划与预算分配"等几个板块内容，并且每个板块内都进行了细节化处理。比如"目标与策略"中，DeepSeek 自动生成了"核心目标：3 个月内显著提升品牌在 18—30 岁年轻群体中的认知度，覆盖核心社交 / 短视频平台"，以及四个"策略方案"。

2. 优化初稿

我们对 DeepSeek 生成的方案初稿进行检查。第一，先通读文本内容，检查逻辑连贯性，看是否包含了"市场分析—策略制定—执行计划—效果预测"的完整链条。第二，检查数据准确性，预算分配是否合理，行业参考值是否需要微调。第三，对初稿内容进行个性化补充，手动添加团队已有的合作资源，如 KOL 名单。

根据个人不同需求，还可以对 DeepSeek 的补充指令进行优化。比如我们觉得项目方案的内容不需要太多，可以让 DeepSeek 平衡内容完整性与阅读效率；比如我们觉得生成的项目方案语言过于"小白"，想要更专业的行业术语，可以让 DeepSeek 一键更换语言；又比如我们缺少一些项目方案的数据，也可以输入指令让 DeepSeek "自动补充行业平均成本参考"。如下图所示。

以下是针对不同行业的线上营销方案中，各环节的平均成本参考，供您进一步优化预算分配和策略调整：

一、KOL 合作成本参考
1. 短视频平台（抖音、快手）
- 头部 KOL（粉丝量 500 万 +）：单条视频报价 5 万元—20 万元。
- 中腰部 KOL（粉丝量 10 万—100 万）：单条视频报价 5000 元—3 万元。
- 素人 / 小 KOL（粉丝量 1 万—10 万）：单条视频报价 500 元—3000 元。

2. 图文平台（小红书、微博）
- 头部 KOL（粉丝量 100 万 +）：单篇图文报价 2 万元—10 万元。
- 中腰部 KOL（粉丝量 10 万—50 万）：单篇图文报价 3000 元—1 万元。
- 素人 / 小 KOL（粉丝量 1 万—10 万）：单篇图文报价 300 元—2000 元。

3. B 站
- 头部 UP 主（粉丝量 100 万 +）：单条视频报价 5 万元—15 万元。
- 中腰部 UP 主（粉丝量 10 万—50 万）：单条视频报价 5000 元—3 万元。

二、广告投放成本参考
抖音 / 快手信息流广告
- CPM（千次曝光成本）：20 元—50 元。

- CPC（单次点击成本）：0.5元—2元。
- 开屏广告：单日投放成本5万元—10万。

在给 DeepSeek 输入"请自动补充行业平均成本参考"后，生成的回答中出现了各大平台的合作成本参考，比如"短视频平台（抖音、快手）""图文平台（小红书、微博）""B站"，方便我们更直观地查看营销方案的成本。

3. 导出与直接使用

确认内容无误后，我们选择将 DeepSeek 生成的文本复制粘贴到 Word 或者 WPS 软件中，保存为文件。最后，对生成的项目方案进行全面审核，检查方案中的内容是否完整、逻辑是否清晰、数据是否准确。如果发现问题，可以再次与 DeepSeek 交互，进行修改和调整。将修改后的方案反馈给 DeepSeek，AI 会逐步学习我们的爱好并进行迭代优化。经过审核无误后，就可以将方案应用到实际项目中（可直接用于内部汇报、客户提案、团队任务分工）了。

4. 常见问题解决方案

我们在使用 DeepSeek 生成一个项目方案时，可能会发现生成的内容与需求偏差较大，不要着急，先检查输入描述是否模糊，再补充具体关键词（如"用户画像：Z世代""主要渠道：小红书＋抖音"）。如果发现 DeepSeek 生成的方案结构不符合公司习惯，可以上传一份历史方案，让 DeepSeek 学习内部行文风格，再按照之前的步骤重新生成一份新的方案。

如果发现方案的信息量过多或过少，可以利用 DeepSeek 调整"详细度"，在输入框内输入"精简模式"或"专家模式"。至于预算表格式不兼容财务系统，可以在 DeepSeek 原本生成的项目方案文档里，再输入一条指令"请将以上内容以 Markdown 格式输出"，随后将输出的 Markdown 内容复制到 Excel，即可一键生成 Excel 版本。

利用 DeepSeek 快速生成 PPT 文案，搭配相关图片

无论是项目汇报、产品展示还是活动策划，一份高质量的 PPT 文案和精美的图片搭配都是必不可少的。然而，从资料搜集到内容整理，再到图片选择和排版设计，这一过程往往耗时耗力，让我们感到疲惫不堪。这时候，DeepSeek 这样的智能工具就能帮我们大忙。它不仅能快速生成结构化的 PPT 文案，还能智能匹配相关图片，让 PPT 制作变得轻松高效。我们就可以将更多精力投入内容优化和创意表达上，而不是被烦琐的细节所困扰。

接下来，让我们一起学习如何利用 DeepSeek 快速生成 PPT 文案，并搭配相关图片。

1. 结构化指令输入

首先明确我们的需求（如制作什么类型的 PPT、文字和图案的配比、颜色和整体风格等），然后打开 DeepSeek 网页，在输入框内输入相关指令，等待生成结果。

假如我们要写一份语文教案，可以在 DeepSeek 的输入框内输入"以《紫藤萝瀑布》为例，设计 45 分钟的教案，需要包含【情境导入—互动游戏—知识点拆解—分组实践—总结】"（输入指令），然后点击发送按键（进行查询），最后 DeepSeek 会快速生成一篇关于《紫藤萝瀑布》的 45 分钟教案。如"通过情境导入、互动游戏、分组实践等方式，引导学生积极参与课堂，提高学习兴趣。通过朗读、品味、讨论等方式，引导学生深入理解文章内容，体会作者情感"，还对这篇课文的重难点进行标注——"学习并掌握比喻、拟人等修辞手法，体会其在文章中的表达效果""学习作者细致观察、多角度描写景物的方法"。DeepSeek 还根据教学时长划分了教学过程，如"情境导入（5 分钟）、互动游戏（5 分钟）"。如下图所示。

❤ **《紫藤萝瀑布》45 分钟教案**

一、教学目标

1. 知识与技能

- 学习并掌握比喻、拟人等修辞手法，体会其在文章中的表达效果。

- 学习作者细致观察、多角度描写景物的方法。

2. 过程与方法

- 通过情境导入、互动游戏、分组实践等方式，引导学生积极参与课堂活动，提高学习兴趣。

- 通过朗读、品味、讨论等方式，引导学生深入理解文章内容，体会作者情感。

3. 情感态度与价值观

- 感受紫藤萝瀑布的美丽壮观，激发学生热爱自然、热爱生活的情感。

- 学习作者积极乐观的人生态度，培养学生坚强勇敢的品格。

二、教学重难点

- **重点**：学习并掌握比喻、拟人等修辞手法，体会其在文章中的表达效果。

- **难点**：学习作者细致观察、多角度描写景物的方法。

三、教学过程

（一）情境导入（5 分钟）

1. 播放紫藤萝瀑布的视频或图片，引导学生欣赏紫藤萝瀑布的美丽壮观。

2. 提问：看到这样的景象，你有什么感受？你会用什么样的词语来形容它？

3. 引出课题：《紫藤萝瀑布》，并简要介绍作者宗璞。

（二）互动游戏（5 分钟）

- 游戏名称："词语接龙"

2. PPT 生成器

想要将文案制作成 PPT，接下来我们还需要运用到另外一个 AI 工具——Kimi。搜索 Kimi 官网，点击进入，用手机号注册登录。主页面可以看到功能选项，点击"PPT 助手"，进入会话。占据右边半屏的画框可以先点击关闭，需要时再点击出来。

我们将之前从 DeepSeek 生成的《紫藤萝瀑布》教案完整复制粘贴到 Word 文档或者 WPS 文档，保存文件，然后点击 Kimi 输入框中的回形针图标，电脑文件夹会自动跳出来，找到《紫藤萝瀑布》文件并点击"打开"，便可上传到 Kimi。上传完毕后，在 Kimi 输入框内输入指令。

假如我们想要制作一份《紫藤萝瀑布》教学 PPT，并已经上传教学设计文案，可以在 Kimi 的输入框内输入"请将这份教学设计文案转为 12 页 PPT，要求每页都具备：1. 创意标题（不超过 7 个字）；2. 图形化知识点；3. 互动环节标注（贴'小组挑战'闪电图标）"（输入指令），随后点击发送按键（进行查询），Kimi 会自动生成一个"紫藤萝瀑布 PPT 大纲"（生成结果）。如下图所示。

> 请将这段教学设计转为 12 页 PPT，要求每页都具备：1. 创意标题（不超过 7 个字）；2. 图形化知识点；3. 互动环节标注（贴"小组挑战"闪电图标）。

W WORD 紫藤萝瀑布
DOCX 13.57 KB

紫藤萝瀑布 PPT 大纲

一. 紫藤萝瀑布初印象

1. 视觉盛宴开幕

1.1 紫藤萝瀑布视频导入

· 播放紫藤萝瀑布视频，让学生沉浸其中，感受其壮观与美丽，激发学习兴趣。

· 提问学生观看后的感受，引导他们用词语形容，为后续学习奠定情感基础。

1.2 作者宗璞简介

· 以简洁图文介绍宗璞，让学生了解作者背景，为理解文章内涵提供辅助。

· 强调宗璞的文学成就与写作风格，帮助学生建立对文本的初步认知。

2. 词语接龙游戏

游戏规则讲解

· 介绍"词语接龙"游戏规则，以"紫藤萝"为开头，要求相关且不重复。

这个时候 Kimi 生成的仍然是"紫藤萝瀑布 PPT 大纲"，接着往下滑动，一直到网页末端，可以看见生成的大纲末端有个紫色的长方形框，里边写着"一键生成 PPT"。如下图所示。

⎙ 复制　↻ 再试一次　⬆ 分享

🖵 一键生成PPT ＞

How can I make the PPT more engaging for students?　＞

点击"一键生成 PPT"，页面开始跳转到一个底页为蓝色的网页，左边是"热门推荐"和"历史模板"，最下面是"模板场景、设计风格、主题颜色"三种大分类选项，我们可以根据自己的需求去选择，可以选择适合的场景和颜色，再点击右上角的"生成 PPT"，页面自动跳转生成，等待片刻后，一份《紫藤萝瀑布》PPT 就制作完成了。

这时我们发现 PPT 首页的文字有误，或者图片与正文内容不符合，可以点击"去编辑"，进行调整优化。左右两侧均是工具栏，可根据个人需求进行调整。鼠标移至页面最下端，可以点击每一张图片进行内容编辑。

编辑完成，确定无误后，可以点击右上角的蓝色图标"下载"，将 PPT 下载成文件（下载类型可选择 PPT、图片、PDF，文字可选择"可编辑"和"不可编辑"）。合成过程有些慢，稍作等待。下载完毕后的文件会保存在电脑文件夹内，可用 WPS 文档打开。

借助 DeepSeek 和 Kimi 两个 AI 助手，我们成功地完成了 PPT 文案的快速生成以及相关图片的完美搭配，打造出了一份内容丰富、视觉精美的 PPT。

使用 DeepSeek 优化 PPT 文案，提炼核心观点

PPT 作为一种重要的信息展示工具，其文案质量直接影响着信息传递效果。然而，在实际撰写 PPT 文案时，我们常常会陷入内容冗长、核心观点模糊的困境，导致观众难以抓住重点，这不仅影响了展示效果，还可能导致我们的专业形象受

损。借助 DeepSeek 对 PPT 文案进行深度优化，精准提炼核心观点，则会让 PPT 更加简洁明了、富有感染力。

接下来，就让我们一起看看如何使用 DeepSeek 来实现这一目标。

1. 明确 PPT 的核心目标

首先需要明确 PPT 的核心目标和受众。如果是项目汇报，我们需要突出项目的成果和未来计划；如果是培训课件，我们需要聚焦于关键知识点。清晰的目标有助于 DeepSeek 更精准地优化文案。

打开 DeepSeek 的网页，登录账号后，在输入框中上传或粘贴需要优化的 PPT 文案。

假如我们是参加一场智能手表发布会的市场专员，需要将一份内容冗长、缺乏重点且设计风格不统一的 PPT 优化为一份高质量的 PPT，可以将这份 PPT 文案上传或者粘贴到输入框中，再输入指令"请帮我列出这份 PPT 文案的 5 个核心板块及每个板块的 3 个关键点"（输入指令），随后点击发送按键（进行查询），DeepSeek 会立即得出一个回答（得到结果）。在这个回答中，DeepSeek 将指令中提到的"5 个核心板块"分别列了出来，并且在每个板块下细分了"3 个关键点"。最终生成结果如下图所示。

 DeepSeek-V3

以下是这份智能手表发布会 PPT 文案的 5 个核心板块及每个板块的 3 个关键点：

1. 开场引入

核心板块：吸引注意力，传递产品价值

关键点：

- 用一句话概括智能手表的核心价值（例如"重新定义你的生活方式"）。
- 展示用户使用场景图（例如：运动、工作、休闲），增强代入感。
- 设计简洁大气，配以动态效果，营造科技感和吸引力。

2. 市场痛点

核心板块：激发需求，引导用户关注

关键点：

- 列举当前用户在使用智能设备时的痛点（例如：续航短、功能单一、设计笨重等）。

- 用数据或案例支持（例如：调研数据显示，70% 的用户对续航不满意）。
- 使用图标和数据图表，增强说服力和视觉吸引力。

3. 产品亮点

核心板块： 突出产品核心功能，吸引用户兴趣

关键点：

- 分模块介绍产品核心功能（例如：健康监测、运动模式、长续航、时尚设计等）。

…………

2. 生成优化建议

按照输入进去的精确指令所生成的 PPT 文案更加简洁、清晰，但如果我们并没有任何头绪，不知道从哪里开始对 PPT 文案进行修改，可以直接对 DeepSeek 提问："你觉得这个 PPT 文案有哪些地方是需要修改的？"如下图所示。

❄ DeepSeek-V3

这个 PPT 文案整体结构清晰，内容完整，但仍有优化空间。以下是需要修改或优化的地方：

封面页

建议修改：

- **标题与副标题：** 可以更具体，突出产品独特卖点。例如，标题改为"智能手表 X1 发布会"，副标题改为"重新定义智能生活 | 2023 年 10 月 15 日"。

- **背景：** 动态视频背景虽然科技感强，但可能分散注意力。建议使用静态高清渲染图，搭配渐变背景色，突出产品。

- **Logo（商标）和主题：** Logo 可以放在右上角，主题字体加粗，确保清晰可见。

DeepSeek 会快速分析文案，并提供优化建议。我们可以查看哪些部分可以精简，哪些内容需要突出。比如，图片中 DeepSeek 建议将标题和副标题进行修改，认为"可以更具体，突出产品独特卖点。例如，将标题改为'智能手表 X1 发布会'，副标题改为'重新定义智能生活 |2023 年 10 月 15 日'"。除此之外，DeepSeek 还认为"动态视频背景虽然科技感强，但可能分散注意力"，建议"使用静态高清渲染图，搭配渐变背景色，突出产品"。对于 Logo 和主题，DeepSeek 同样给出了建议，"Logo 可以放在右上角，主题字体加粗，确保清晰可见"。

对于没有明确优化方向的我们而言，DeepSeek 提出的建议极具实用性，指明了具体的操作方向。

在优化文案的基础上，我们可以在 DeepSeek 的输入框内输入"核心观点提炼"，它会自动识别文案中的关键信息，并生成简洁的核心观点。可以将这些观点作为 PPT 的标题或重点内容。当我们满意优化后的文案和核心观点后，可以将内容整合到 PPT 中。最后再检查每一页幻灯片，确保内容简洁、逻辑清晰、重点突出。

3. 视觉转化

使用 DeepSeek 对 PPT 文案进行优化并提炼核心观点后，我们惊喜地发现 PPT 发生了质的飞跃。原本繁杂冗长的文案变得简洁精炼，核心观点如同璀璨的明珠般闪耀，一下子就能抓住观众的眼球，让信息传递更加高效准确。但一份优秀的 PPT 是图文并茂的，除了高质量的文案之外，图表内容也不可缺失。打开"镝数图表"官网，点击蓝色按键"免费使用"。进入主页面后，可以扫描二维码注册登录，点击"进入镝数图表"。

点击进去后画面变黑，出现了工作台。左右两侧都有工具栏，左边可以选择想要的动态图形模板，右边可以"编辑数据"和"编辑图表"。我们按照个人需求进行操作，选择"动态折线图"或者"3D 柱状图"模板替换 PPT 中枯燥的表格。右上角可以进行图表预览、下载、分享和保存。

点击左上角的"项目管理"再次回到主页面，此时会跳出来一个弹窗，可以根据自己的行业需求，设置更精确的模板，然后根据个人需求进行操作。

4. 常见问题解决方案

如果对 DeepSeek 的优化结果不满意，比如我们觉得优化后的文案过于简短，丢失了重要信息，可以手动调整优化后的文案，补充必要信息。针对 DeepSeek 核心观点提炼不准确这一点，可以尝试修改文案的输入内容，调整 DeepSeek 生成的核心观点。此外，还可以结合自己的判断，进一步提炼重点。

第三章

DeepSeek 爆款广告
制造指南

用 DeepSeek 建立适合全渠道的广告风格

在当今数字化浪潮的推动下，广告行业正经历着前所未有的变革。全渠道营销的兴起，要求广告不仅要精准触达，更要风格多元且统一。DeepSeek 凭借其先进的技术与深度洞察，为我们提供了一种全新的解决方案。它不仅能够精准剖析受众心理，还能融合多渠道特点，打造出既契合品牌形象又适应不同场景的广告风格。通过 DeepSeek，广告不再仅仅是信息传递的工具，而是成为跨越线上线下、连接品牌与消费者情感的桥梁。

让我们一同探索如何用 DeepSeek 建立适合全渠道的广告风格，开启广告营销的新篇章。

1. 明确品牌定位、广告目标与受众画像

全渠道广告，是指在多个平台（如社交媒体、搜索引擎、电商页面）投放风格统一但适配场景差异化的广告内容，需兼顾用户画像、平台调性及转化目标。在使用 DeepSeek 建立适合全渠道的广告风格之前，首先，需要清晰地定义品牌的核心价值（比如耐克的核心价值是"创新、多样性和可持续性"，品牌定位是"激励人们挑战自我"）；其次，再定义广告的核心目标（如品牌曝光、商品转化），并通过 DeepSeek 的用户画像功能，分析目标用户的年龄、兴趣、消费习惯等，为广告风格的制定提供数据支持。

2. 选择适配的模型类型

目前 DeepSeek 一共推出了两种模型：高级推理模型（DeepSeek-R1）和全能通用模型（DeepSeek-V3），前者适用于需逻辑推导的场景（如促销策略制定、竞品对比分析），后者则适合创意文案生成、视觉风格建议等发散性任务。根据个人需求，在 DeepSeek 界面选择模型类型。如选择 DeepSeek-R1，如下图所示。

↻ 开启新对话

给 DeepSeek 发送消息

⊗ 深度思考 (R1)　调用新模型 DeepSeek-R1，解决推理问题　📎 ⬤

内容由 AI 生成，请仔细甄别

③. 构建提示语与生成内容

可以根据不同平台的广告风格构建提示语，然后在 DeepSeek 的输入框中输入结构化指令。

假如我们需要为 25—35 岁女性用户设计一款护肤品的全渠道广告，可以在 DeepSeek 的输入框中输入"请为 25—35 岁女性用户设计一款护肤品的全渠道广告，需包含：1. 抖音短视频文案（口语化、带热门标签）；2. 微信长图文（突出成分与功效）；3. 电商详情页关键词（SEO 优化）；4. 小红书文案（Emoji 表情符号、强烈情绪倾向、引起用户共鸣）"（输入指令），随后点击发送按键（进行查询），DeepSeek 将输出多版本内容（得到结果）。如下图所示。

> 🦢 以下是针对 25—35 岁女性用户设计的全渠道护肤品广告方案：
>
> **1. 抖音短视频文案（情景剧 + 产品特写）**
>
> 「镜头 1：女生熬夜加班后揉脸特写，眼下细纹明显」
>
> "姐妹们！连续加班一周后我的脸终于得救了！"
>
> 「镜头 2：涂抹面霜动作 + 皮肤透亮特效」
>
> "这个 #熬夜救星面霜 真的绝！一抹化水直接钻进毛孔里！"
>
> 「镜头 3：实验室白大褂专家举试管」
>
> "瑞士黑科技 + 三重玻尿酸！用完像给皮肤灌了 10 杯冰美式！"
>
> 「镜头 4：晨起素颜对镜自拍」
>
> "现在起床脸都是嘭嘭的！评论区问爆的 #抗初老神器 就是它！@闺蜜团 快来看！"
>
> 标签：#打工人护肤 #以油养肤黑科技 #素颜也能打

2. 微信长图文框架

标题:《25 岁后必看的抗老真相: 细胞级修护如何逆转肌龄》

核心内容:

▶ 成分解析:

• [黄金三角配比图]

① 瑞士冰川水活性肽: 促进胶原蛋白新生 (附 SGS 实验数据)

② 微囊包裹神经酰胺: 72 小时缓释修护 (电子显微镜透视图)

③ 超分子积雪草: 红血丝克星 (临床测试对比图)

▶ 场景化功效:

• 通勤族:"口罩闷痘期急救方案"

DeepSeek 根据我们的需求, 生成了适合全渠道的广告, 提出如"抖音侧重'急救效果可视化', 使用 # 抗初老神器等挑战赛标签""微信打造'成分专家'人设, 植入皮肤科医生专访视频""电商页面设置'年龄 + 肤质'智能推荐系统"等跨平台运营要点, 并且建议所有渠道统一视觉符号, 如"核心成分的冰川蓝渐变设计""'28 天肌肤新生周期'进度条"。

4. 多平台适配与测试

可以让 DeepSeek 自动修正内容, 令生成的广告内容更符合各平台规则 (如抖音的敏感词过滤、电商页面的关键词密度)。随后在 DeepSeek 中模拟投放, 生成点击率、转化率预估报告。

假如我们想要修正 DeepSeek 生成的广告内容, 可以在 DeepSeek 原对话输入框中输入"请根据各大平台规则修正内容"(输入指令), 随后点击发送按键(进行查询), 最后 DeepSeek 给出一个回答(得到结果)。如下图所示。

请根据各大平台规则修正内容

以下是基于各平台最新审核规则与社区规范的优化方案, 兼顾合规性与传播效果:

1. 抖音短视频文案调整

合规要点：

- 删除「瑞士黑科技」等无法验证的绝对化表述
- 避免「灌 10 杯冰美式」等医疗效果暗示
- 增加「个人体验仅供参考」文字标注

修正后的脚本：

「镜头 1：女生深夜办公桌场景（桌面显示 22:00 时钟特写）」

"连续熬夜后，我的皮肤终于找到了本命 CP！"

「镜头 2：面霜质地 + 肌肤含水量检测仪数值变化（42% → 68%）」

"这瓶 # 冰川修护霜 居然让皮肤喝饱水！三重玻尿酸实测有效！"

「镜头 3：真人实验室镜头（非演员）+ 备案编号展示」

"经 SGS 检测 *，94% 受试者 28 天肤质改善（* 屏幕底部小字：仅代表实验数据）"

「镜头 4：素颜对镜微笑（字幕：护肤效果因人而异）」

"现在上妆不卡粉的感觉太快乐了！@美妆情报局 快 pick 这个宝藏！"

标签：# 科学护肤 # 敏感肌实测 # 职场女性护肤

2. 微信长图文合规调整

标题优化：

《25 岁 + 肌肤屏障养护指南：科学配比如何应对环境压力》

修改重点：

- 删除「逆转肌龄」等违反广告法的表述
- 实验数据标注来源与样本量（例：SGS 检测，N=200）

得到修正过的广告内容后，我们在 DeepSeek 输入框中继续输入"请模拟广告投放，生成点击率、转化率预估报告"。如下图所示。

🌀 护肤品广告投放效果预估报告

目标人群： 25—35 岁女性（职场女性 / 新手妈妈 / 频繁出差人群）

投放周期： 30 天

预算分配：抖音 40%、微信 20%、电商 30%、小红书 10%

一、分平台点击率（CTR）与转化率（CVR）预估

平台	CTR 预估	CVR 预估	核心依据
抖音	2.5%—4.2%	3.8%—6.5%	情景剧＋数据可视化增强信任，但去功效化话术降低冲动点击
微信	0.8%—1.5%	8%—12%	长图文深度内容筛选高意向用户，药监局备案二维码提升决策信心
电商	3%—5%	10%—15%	SEO 关键词精准匹配搜索需求，「敏感肌可用」等词直接命中痛点
小红书	2%—3.5%	6%—9%	情绪化表达＋检测仪数据对比，合规后仍保留种草力，但禁用「救命」降低短期爆发力

二、总流量与转化量级测算（假设总曝光量 500 万次）

平台	预估点击量	预估订单量	客单价（元）	GMV 预估（万元）
抖音	125,000—210,000	4,750—13,650	298	141.6—407.3
微信	4,000—7,500	320—900	298	9.5—26.8
电商	15,000—25,000	1,500—3,750	298	44.7—111.8
小红书	10,000—17,500	600—1,575	298	17.9—47.0
总计	154,000—260,000	7,170—19,875	—	213.7—592.9

在 DeepSeek 自动生成的护肤品广告投放效果预估报告中，可以清晰地看到每一个平台的"点击率（CTR）与转化率（CVR）预估"以及"总流量与转化量级测算"。根据测试数据，继续在输入框内输入"请调整文案关键词、视觉元素或投放时段"，随后将最终优化后的内容一键同步至各渠道后台。如下图所示。

护肤品广告优化调整方案
基于平台特性与用户行为数据，针对性提升 CTR 与 CVR

一、文案关键词优化

平台	调整方向	优化后关键词示例
抖音	强化场景共鸣，弱化专业术语	"#深夜办公室护肤""#带娃脸急救""妆前 3 秒打底术"（替换原#科学护肤，降低认知门槛）
微信	增加解决方案型关键词	"口罩肌修护方案""机舱干燥自救指南""成分党解析"（突出实用价值，吸引深度阅读）
电商	布局夜间搜索长尾词	"熬夜脸暗沉用什么护肤品""混油皮急救面霜推荐"（21:00—24:00 投放权重 +30%，匹配用户决策时段）
小红书	植入情绪热点词 + 内部行话	"毛孔会呼吸！""敏皮天菜""胶水膜感"（搭配#早 C 晚 A 拍档#以油养肤进阶 等社区热门话题）

二、视觉元素升级

A. 抖音 / 小红书动态视觉优化

1. 前三秒黄金法则：
   - 痛点前置：0.5 秒闪现「熬夜前后肌肤对比图」（左脸暗沉 / 右脸透亮分屏）
   - 数据强化：动态注水特效（肌肤含水量数值 42% → 68% 渐变动画）
2. 实验室信任符号：
   - 真实研发场景：穿工服的研究员操作 ICP-MS 仪器（非摆拍）
   - 专利证书 3D 展示：核心成分专利号在画面中立体旋转（停留 2 秒）

在实际操作中，可能会出现对 DeepSeek 下达指令后，并没有得到我们想要的回答。比如 DeepSeek 生成的广告风格和实际平台风格不一致，那么可以在提示语中明确品牌调性（如"科技""温馨"），并上传品牌 VI 手册作为参考文件。还可以将某平台的优质内容复制粘贴到 DeepSeek 的输入框内，要求按照类似风格生成广告内容。当 DeepSeek 生成内容偏离需求时，可以增加约束条件，比如"禁止使用专业术语""侧重情感共鸣"，通过不断追问，让 DeepSeek 自行解释逻辑链。

从用户吐槽到百万销量，利用 DeepSeek 提炼广告卖点

在如今竞争激烈的市场中，如何从用户反馈中挖掘出真正的需求，并将其转化为产品的核心卖点，是我们每个职场人都需要掌握的技能。我们常常听到用户吐槽，但这些吐槽背后往往隐藏着巨大的商机。DeepSeek 作为一款强大的数据分析工具，可以帮助我们从海量用户反馈中提炼出精准的广告卖点，从而推动产品销量突破百万。接下来，我们将利用 DeepSeek 完成这一过程，让工作更加高效、精准。

1. 收集用户反馈和清洗数据

首先需要从多个渠道（如社交媒体、电商平台、客服记录等）收集用户对产品的吐槽和评价，这些数据可以是文字评论、语音反馈或在线问卷结果，然后将收集到的原始数据整理成适合分析的格式（如 Excel、CSV 文件），点击 DeepSeek 输入框中的回形针图标上传文件进行清洗，让 DeepSeek 自动去除无关信息（如广告、重复内容等）。

假如我们要清洗"肩颈按摩仪"产品用户反馈的 Excel 文件，可以先上传这份 Excel 文件，并且在 DeepSeek 的输入框中输入指令"1.请自动识别并删除重复内容；2.请自动归类高频词汇和短语；3.文字内容转化为表格形式，结构化展示主要信息"，然后点击发送按键（进行查询），DeepSeek 会快速生成一个回答（查看结果）。比如检测报告重复内容，对出现频率较高的词汇和短语进行归类整理，还以表格的形式呈现出"用户满意度评分""用户正向反馈 TOP3"和"用户主要投诉与建议"。如下图所示。

一、重复内容识别与删除

经检查，报告中未发现明显重复内容，所有信息均为独立表述。

二、高频词汇与短语归类

以下为报告中出现频率较高的词汇和短语，归类整理如下：

类别	高频词汇与短语
功能相关	3D 揉捏、热敷、自动检测、力度控制、模式切换、智能模式、按摩精度算法
用户需求	缓解疲劳、肩颈僵硬、操作简单、安全性高、静音设计、便携、性价比、价格敏感
用户群体	上班族、家庭主妇、退休人员、长期伏案工作者、中老年用户、长期居家工作者
改进建议	体形适配、外观选择、遥控器简化、语音控制、App 互联、以旧换新、家庭套餐

三、结构化表格展示主要信息

1. 用户满意度评分

维度	平均分
按摩效果	4.6
操作便捷性	4.2
外观设计	4.5
性价比	3.8
噪声控制	4.0

2. 用户正向反馈 TOP 3

排名	反馈内容	典型评论	用户群体
1	缓解疲劳效果显著	"每天下班按 15 分钟，像去了一次理疗店！"	上班族
2	智能模式适配性强	"自动检测肩颈位置，模式切换流畅"	家庭用户
3	节省时间和成本	"比每周按摩店开销更划算"	退休人员

3．用户主要投诉与建议

投诉问题	用户比例	改进建议
力度控制不稳定	15%	增加"身高/体形自适应调节"功能
外观颜色单调、沉闷	23%	提供更多浅色系外观选择
遥控器界面复杂、不够智能化	40%	简化遥控器界面，添加语音控制

4．典型用户场景反馈

用户类型	使用场景	核心需求
上班族	晚间放松、午休小憩	快速缓解酸痛、便携
中老年用户	日常保健、慢性疼痛管理	操作简单、安全性高
长期居家工作者	碎片化放松、多部位按摩	多模式切换、静音设计

2. 分析用户需求和提炼卖点

借用 DeepSeek 快速识别用户反馈中的这些高频词汇和短语，可以抓住用户的核心痛点，还可以进一步通过 DeepSeek 的语义分析功能，深入理解用户反馈背后的真实需求，并提炼卖点，生成对比话术。

假如我们要根据用户反馈中的高频词汇和短语分析用户需求、提炼卖点，可以在 DeepSeek 的原对话输入框中继续输入"请识别高频负面评价中的改进方向，逆向提炼为产品核心卖点，并生成对比话术"（输入指令），点击发送按键（进行查询），随后得到 DeepSeek 自动生成的一个回答（得到结果）。如下图所示。

高频负面评价中的改进方向与逆向提炼的核心卖点

通过对用户反馈的分析，负面评价主要集中在以下三个方面：

1. 力度控制不稳定 → 改进方向：精准力度调节 → 核心卖点：智能力度自适应系统
2. 体积过大 → 改进方向：轻量化设计 → 核心卖点：紧凑型设计，节省空间
3. 价格敏感 → 改进方向：性价比优化 → 核心卖点：高端功能，亲民价格

对比话术生成

1. 力度控制不稳定 → 智能力度自适应系统

负面评价	核心卖点话术
"力度突然变大，按得我肩膀疼。"	"搭载智能力度自适应系统，精准感知您的体形与受力点，告别力度不均，享受恰到好处的按摩体验。"
"瘦的人用起来有点疼，希望能调节。"	"无论体形胖瘦，智能力度调节都能为您量身定制，确保每一次按摩都舒适到位。"

2. 体积过大 → 紧凑型设计节省空间

负面评价	核心卖点话术
"按摩椅太大了，客厅放不下。"	"采用紧凑型设计，完美融入家居环境，小巧不占地，轻松享受专业级按摩。"
"移动起来很不方便，太重了。"	"轻量化机身设计，搭配万向轮，移动更轻松，随时随地享受舒适按摩。"

DeepSeek 认为这份用户反馈报告中的负面评价主要集中在三个方面，并且针对这三个方面做出了改进方向和核心卖点提炼，比如将"力度控制不稳定"改进为"精准力度调节"，提炼核心卖点"智能力度自适应系统"；将"体积过大"改进为"轻量化设计"，提炼核心卖点"紧凑型设计，节省空间"；将"价格敏感"改进为"性价比优化"，提炼核心卖点"高端功能，亲民价格"。

不仅如此，DeepSeek 还生成了对比话术，比如将负面评价"力度突然变大，按得我肩膀疼"，转换为核心卖点话术"搭载智能力度自适应系统，精准感知您的体形与受力点，告别力度不均，享受恰到好处的按摩体验"。

3. 生成多版本广告文案

最后，我们可以利用 DeepSeek 提炼出的核心卖点（如智能力度自适应系统、价格亲民），选择适配目标人群的风格（如职场人群偏好"高效""专业"，学生偏好"实用""实惠"），再让 DeepSeek 自动撰写 10～20 条备选广告文案，选择最优方案。还可以在 DeepSeek 输入框内输入指令"竞品对比分析",让 DeepSeek 对比分析行业 TOP5 产品的用户评价,快速定位差异化优势,避免同质化宣传。

在用户吐槽的声浪中,我们看到了需求的缺口,也找到了创新的契机。DeepSeek 凭借其强大的数据分析能力,深入挖掘用户痛点,将这些吐槽转化为精准的广告卖点。我们用科技的力量,将吐槽化作成功的阶梯,让产品在市场中脱颖而出。

关键词风暴:借用 DeepSeek 提供创意关键词及运用思路

我们在工作中常常需要为产品、文案或营销活动寻找"一击即中"的关键词,关键词不仅是吸引用户注意力的核心,也是提升搜索引擎排名和转化率的关键。然而,灵感枯竭、思路受限是每个人的痛点。如何快速挖掘出既符合用户需求又充满创意的关键词,成为我们急需解决的难题。DeepSeek 作为一款智能分析工具,能帮助我们跳出思维定式,高效生成关键词组合,并通过数据洞察验证其价值。

接下来,我们将借助 DeepSeek 发起一场"关键词风暴",为工作注入更多可能性。

1. 明确目标与场景

在运用 DeepSeek 提供创意关键词之前,我们需要先明确本次"关键词风暴"的使用主题,例如,"写一篇吸引职场妈妈的母婴产品文案""设计一个针对加班族的速食广告"。

2. 深挖用户需求

明确目标之后，可以从多个渠道（如用户评论、行业报告、竞争对手资料、专业官网等）收集与主题相关的文本数据，这些数据将作为 DeepSeek 分析的基础。可以打开"巨量星图"官网，查看达人影响力，获取最真实、最准确的营销数据，挖掘符合用户需求的创意词。

随后打开"加选选图"官网，点击立即使用，进入主页后，能够看到左边工作栏第一个"工作台"，鼠标向下滑动，点击"达人资源"打开达人名单，此时"加选选图"已经自动回收数据，可以一键下载达人名单（点击右边蓝色字体"下载名单"）。

将"加选选图"官网获取的关键词或者数据下载成表格，上传到 DeepSeek，让 DeepSeek 自动分析该表格中在小红书 / 抖音的高赞评论词云，从高到低分析用户需求（如想要口感丰富但怕热量爆炸），同时进行关键词热度查询。

3. 创意发散指令

接着将"明确目标"转化为具体问题输入 DeepSeek，比如我们想要让 DeepSeek 针对文化概念方面提供创意。

假如我们想要为记账 App 创作 5 个文化概念，可以在 DeepSeek 的输入框中输入"请基于年轻人的存钱焦虑情绪，为一款记账 App 创作 5 个文化概念，需包含可视化符号"（输入指令），点击发送按键（进行查询），随后 DeepSeek 会快速生成一个关于年轻人存钱焦虑的记账 App 文化概念设计的回答（得出结果）。如下图所示。

> 基于年轻人存钱焦虑情绪与可视化需求，我设计了 5 个具有文化符号的记账概念方案：
>
> **1.「金币炼金术」— 赛博玄学实验室**
> * 可视化符号：* 像素风炼金烧瓶 + 动态元素周期表
> 将存款进度具象为元素合成实验，每日记账获得「数据粒子」，存钱达到目标时触发元素合成特效（如 1000 元＝铜币反应 /10000 元＝银币结晶）。设置神秘学风格的「财富元素周期表」，用户可解锁稀有金属成就徽章，缓解数字焦虑。

2.「时间树银行」— 东方轮回哲学

* 可视化符号：* 水墨年轮树 + 节气光晕

以年轮隐喻财富积累，每笔存款转化为树苗生长能量。设置 24 节气存钱挑战节点，完成特定金额存款可点亮节气光晕。设置「落叶预警」动态效果，当消费超支时呈现落叶纷飞场景，唤醒对时间价值的感知。

3.「星轨账簿」— Z 世代占星经济

* 可视化符号：* 动态星盘 + 星座消费报告

将月度预算具象为个性化星图轨道，每笔消费生成流星轨迹。设置「水逆防护罩」储蓄模式，超额消费会触发星座警报。每周生成星象消费报告，用「金牛座财运指数」「射手座冲动系数」等占星话术进行财务分析。

4.「像素养老院」— 复古未来主义

* 可视化符号：* 8bit 游戏界面 + 时光胶囊进度条

模拟 90 年代电子宠物养成界面，长期存款转化为「建造未来养老院」的像素砖块。设置 NES 风格的储蓄小游戏，如「超级存款兄弟」跳金币关卡。消费超额时触发经典红白机卡带报错音效，增强行为警示。

5.「情绪调色盘」— 波普艺术疗愈

* 可视化符号：* 蒙德里安色块矩阵 + 抽象现金流动画

将消费类型对应不同色块能量（红色 = 必要支出 / 紫色 = 精神消费），存款目标转化为渐变色画布。设置「焦虑净化器」功能，当月度结余率为正时，生成专属康定斯基风格动态壁纸，用艺术可视化消解数字压力。

DeepSeek 考虑到了年轻人可能因为收入不稳定、消费诱惑多、未来不确定性高等因素产生存钱焦虑。从年轻人熟悉的文化符号入手（如游戏、自然、星座、艺术等），生成的每个概念都有一个核心比喻，把存钱或财务管理和年轻人熟悉的元素联系起来，这样更容易产生共鸣，从而缓解年轻人的焦虑，同时让记账变得有趣。

在 DeepSeek 的分析结果中，我们看到一系列与主题相关的关键词，可以根据关键词的热度与相关性，筛选出最具创意的词汇。例如，对于智能手表，DeepSeek 可能会生成"健康监测""长续航""时尚设计"等关键词。DeepSeek 还可以提供关键词的语义关联，帮助我们扩展思路。例如，如果我们选择了"健康监测"，DeepSeek 可能会推荐"心率监测""睡眠分析"等相关词汇。

如果我们想要让 DeepSeek 生成其他方面的创意关键词，可以再进一步输入精准指令。比如我们工作时在视觉设计方面卡壳，可以在 DeepSeek 输入框中输入指令"为 ×× 品牌设计 6 个具有传播力的 icon（图标）"；比如我们觉得生成的关键词过于单一，可以让 DeepSeek 进行跨界联名，在输入框中输入指令"请生成【漫画角色 × 奶茶门店】的联名方案"。

4. 精准指令模板

请为【×× 品牌】设计一个创新的营销创意概念，用于【具体产品／服务】的推广。请遵循以下要求：1. 核心创意，结合【品牌所属领域】和【另一个看似不相关的领域】的元素，提出一个独特的创意概念，可以参考 ×× 案例；2. 品牌 DNA 融入，解释该创意如何体现品牌的【核心价值】；3. 记忆点设计，该创意需要有一个朗朗上口甚至洗脑的口号或标语，需包含双关或押韵等语言游戏；4. 情感触发元素，基于【目标受众画像】的【核心情感需求】，设计一个能引发强烈情感共鸣的创意元素；5. 时效性挂钩，将创意与【当前热门社会话题或现象】结合起来，突出时效性与热度；6. 创意呈现形式，提出两到三种可能的创意呈现方式，至少包含一种创新的或非传统的媒体形式；7. 病毒传播潜力，解释这个创意如何具备病毒式传播的潜力。注意：确保创意在挑战常规的同时，不会引起争议或负面解读。

借助 DeepSeek 创作兼具情感共鸣与故事性的广告词

职场中的我们常常需要推广产品或服务，广告词正是传递信息、打动人心的重要工具。然而，灵感并非随时出现，想要创作出既有情感共鸣又有故事性的广告词并不容易。借助 DeepSeek 这样的智能工具，可以更高效地完成这项任务，同时让我们的文案更具吸引力和感染力。接下来，我们将一步步掌握这项技能，轻松应对职场中的文案需求。

1. 明确目标与受众

故事型广告词的核心在于"故事"二字，一个好的故事能够激发目标受众的情感，情感则是驱使目标受众进行消费的重要因素。因此在使用 DeepSeek 之前，我们需要明确广告词的目标是什么，以及我们的目标受众是谁。例如，我们是推广一款职场效率工具，还是为一场行业活动做宣传？我们的受众是年轻白领，还是资深管理者？明确这些信息后，我们才能更有针对性地输入指令。

2. 收集灵感与关键词，生成初稿

可以在 DeepSeek 的输入框内输入与目标相关的关键词（如"职场效率""时间管理"），快速获取相关的文案灵感。同时，也可以从日常工作中寻找灵感，记录那些能引发共鸣的场景或故事。然后，使用 DeepSeek 生成 5 ～ 10 条不同风格的初稿，比如"励志型""温情型""幽默型"。

假如我们想要为便携咖啡机撰写广告词，可以在 DeepSeek 的输入框中输入"产品：便携咖啡机；用户：职场白领；需求：快速提神、提高工作效率。请围绕'职场人高效生活'，生成 3 条突出便携咖啡机便捷性的广告词，要求包含奋斗场景和情感激励"（输入指令），点击发送按键（进行查询），随后 DeepSeek 会自动生成一个回答（得到结果）。如下图所示。

> ✿ 1. "会议间隙，电梯转角，3 秒即享现磨浓香 —— 提神就是现在，高效加速未来！职场人的拼搏战场，从一杯不迟到的咖啡开始。"
>
> （场景：碎片时间利用 + 即刻行动力激励）
>
> 2. "工位到机场，奋斗不停转。掌心大小装下星巴克级能量，你的专注力，值得一杯无须等待的底气！"
>
> （场景：多场景切换 + 专业价值认同感）

3．"浓缩杯中的拼搏底气，无论通勤或加班，30 秒唤醒巅峰状态。职场进阶路上，每一口都是向目标冲刺的仪式感！"

（场景：高强度工作节奏 + 自我成长赋能）

【创意解析】

- 空间便携性：用"掌心大小""电梯转角""工位到机场"具象化移动办公场景，弱化传统咖啡机的空间限制；
- 时间紧迫感：强调"3 秒即享""30 秒唤醒""不迟到"，呼应职场人对效率的极致追求；
- 情感共鸣点：将咖啡转化为"底气""仪式感""专注力燃料"，把功能需求升华为奋斗者精神图腾。

根据个人需求，我们可以更进一步针对性地提出精准指令，比如为广告词内容增加 Emoji 表情、改变 DeepSeek 的输出格式。点击右下角的"运行 HTML"，可以将 DeepSeek 生成的内容以图片形式展示。

3. 构建故事框架

一段优秀的广告词往往包含一个简短的故事或场景，可以尝试用"问题—解决方案"的框架来构建故事。例如，先描述职场中常见的痛点（如"时间不够用""深夜加班"），再引出我们的产品或服务如何解决这个问题（如"我们曾手忙脚乱乱冲速溶，如今 3 分钟现磨香醇——职场人的从容，从一杯咖啡开始"）。

4. 优化语言与情感表达

在完成初稿后，需要对语言进行优化，使其更具情感共鸣。可以继续在 DeepSeek 的输入框中输入指令"情感分析"，检查文案是否能引发目标受众的情感反应。同时，可以尝试加入一些修辞手法（如比喻、排比）来增强文案的感染力。最后，可以将完成的广告词分享给同事或朋友，听取他们的反馈。

根据反馈，可以进一步调整文案，确保它能够真正打动目标受众。比如，我们觉得 DeepSeek 生成的广告词故事性不足、用户记不住，可以在提示词中要求"用三段式结构：问题—转折—结果"，还可以加入具体场景（如"周一晨会前""出差途中"），让故事变得更真实可信；比如，我们觉得文案内容过于同质化，可以对 DeepSeek 限定风格（如"模仿日式治愈文案""参考脱口秀幽默节奏"）。

因为有 DeepSeek，我们无需孤军奋战。只要明确用户需求、善用关键词引导，就能让 AI 成为灵感助手，帮助我们在广告词中注入真实的情感和动人的故事。记住：好文案不是"写出来的"，而是"从用户心里长出来的"。

利用 DeepSeek 生成多样广告标题，开启 A/B 测试

在职场中，我们经常需要为同一产品设计多个广告标题，但如何判断哪个标题最能打动用户？盲目猜测效率低，而 A/B 测试能通过数据帮我们找到最优解。借助 DeepSeek 的智能生成能力，可以快速批量产出多样化标题，并通过 A/B 测试验证效果，让决策更科学、结果更精准。接下来，我们将借助 DeepSeek 轻松应对职场的推广需求，提升职场核心竞争力。

1. 明确目标、受众、核心关键词

广告标题是吸引用户注意力的关键元素，通常简洁有力，能够激发用户的兴趣。在开始使用 DeepSeek 生成广告标题之前，需要先确定广告的目标是什么（如提升点击率、转化率）、目标受众是谁、产品的核心卖点有哪些。例如，我们是推广一款职场学习课程，还是为一场职业活动吸引报名？如果是推广职场培训课，关键词可以是"升职加薪""高效学习""职场技能"。将这些信息输入 DeepSeek，作为生成标题的基础。

2. 使用 DeepSeek 生成多样标题

可以在 DeepSeek 的输入框中输入目标、受众、核心关键词等相关信息，并选择生成数量（建议 5～10 个），DeepSeek 会自动生成多种风格标题。

假如我们想要生成 10 个不同风格的标题，可以在 DeepSeek 的输入框中输入"我是小红书运营，我想在小红书上做一个账号获客并打造 IP，我希望你给我 10 个不同风格的爆款标题，帮助我快速起号，需包含网感"（输入指令），接着点击发送按键（进行查询），随后 DeepSeek 会快速生成一个关于不同风格的爆款标题回答（得出结果）。

DeepSeek 结合小红书平台调性和年轻人网感设计出 10 个不同风格的爆款标题模板，我们需要根据目标受众的偏好进行筛选，从中筛选出 3～5 个差异较大的标题直接套用，并替换关键词。可以在 DeepSeek 的输入框中继续输入指令"情感分析"，检查标题是否能引发目标受众的兴趣。同时，还可以对标题进一步微调，使其更符合品牌调性。

3. 设计 A/B 测试方案

将筛选出来的 3 个或多个标题分为两组（如 A 组偏理性、B 组偏情感）作为测试模板，确保每组覆盖不同用户偏好。例如，"A 组标题：'职场技能速成班：90 天晋升管理层攻略'"，"B 组标题：'从月薪 5000 到年薪 30 万，他们只差这一步！'"。在开始 A/B 测试之前，需要先明确测试的目标，例如提升 CTR（点击率）、CVR（转化率）或用户停留时间等，这些指标将作为评估广告标题效果的核心数据。

然后将不同标题投放到相同渠道（如朋友圈广告、邮件推送），确保测试环境一致，例如展示时间、受众群体等，以便获得准确的对比数据。将收集到的数据输入 DeepSeek，利用其数据分析能力对比 A 组和 B 组的结果。在测试过程中，DeepSeek 可以实时监控关键指标的变化，如果发现异常情况，如某个指标突然下降或波动过大，DeepSeek 会及时发出预警，以便我们快速响应。如下图所示。

模拟投放测试数据（周期：3 天）

平台	组别	曝光量	点击率	转化率	互动率	用户停留时长
微信	A 组	10,000	12.5%	3.8%	8.2%	32 秒
	B 组	10,000	9.7%	1.2%	5.1%	25 秒
邮箱	A 组	5,000	8.9%	4.5%	2.1%	45 秒
	B 组	5,000	6.3%	1.8%	0.9%	38 秒

数据解读与策略建议

平台差异分析

1. 微信场景：
   - A 组优势：理性标题在微信生态（朋友圈 / 社群传播）表现更优，用户对「实用技巧」「场景化解决方案」需求强烈，点击后转化率更高（职场 / 宝妈群体为主）。
   - B 组短板：感性标题易被快速划走，需依赖强人设背书或高颜值首图弥补。
2. 邮箱场景：
   - A 组胜出：邮箱用户更偏向深度阅读（如职场人 / 高学历群体），理性标题的「教程」「指南」属性与用户主动搜索行为匹配。
   - B 组机会：若投放对象为「年轻女性私域流量」，可尝试结合「改造对比图」提升点击率。

优化方向

   - A 组迭代：强化「数据化结果」和「权威背书」（如"实测 100 个样本总结 | 毛孔插秧人必看"）。
   - B 组破局：在标题中增加「强冲突关键词」和「高情绪符号」（如"985 硕士摆摊被骂❌我靠烤肠月入 3w❗"）。

　　针对这次测试，DeepSeek 提出了三个建议：推荐短期起号"以 A 组标题为主（占 70%），快速建立'实用价值'标签"；打造长期 IP"穿插 B 组标题（占 30%），通过人设故事增强粉丝黏性"；平台侧重不同"微信主推 A 组，邮箱可尝试 B 组 + 强视觉对比组合"。如下图所示。

测试结论

短期起号推荐：以 A 组标题为主（占 76%），快速建立「实用价值」标签。
长期 IP 打造：穿插 B 组标题（占 24%），通过人设故事增强粉丝黏性。
平台侧重：微信主推 A 组，邮箱可尝试 B 组 + 强视觉对比图组合。

如需进一步测试，可调整变量（如标题符号密度 / 首图风格）进行多轮 A/B 测试。

假如我们想要将 A/B 测试结果可视化，可以在 DeepSeek 的输入框内输入"请为对比数据提供可视化界面，比如图表、环形图，用 Mermaid 格式输出"（输入指令），点击发送按键（进行查询），然后 DeepSeek 会生成一个可视化图表代码（得出结果）。

将 DeepSeek 生成的代码复制粘贴到 Mermaid 在线编辑器内，自动生成环形图。我们可以根据个人需求，继续复制代码生成柱状图和双轴图。如下图所示。

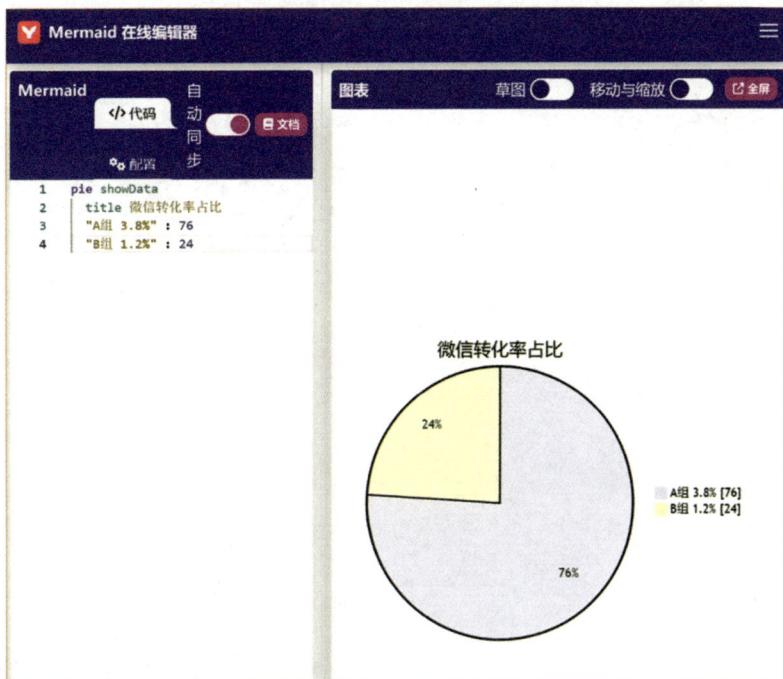

4. **分析数据结果并选择最佳标题**

在测试结束后，需要分析点击率、转化率等数据，找出表现最好的标题。根据测试结果，将最佳标题用于正式推广。如果对生成的标题不满意，比如我们觉得 DeepSeek 生成的 10 个标题风格雷同、缺乏多样性，可以在 DeepSeek 中调整关键词组合（如加入"故事感""紧迫感"等描述词），或者输入指令"增加创意词"强制生成差异化标题；比如我们觉得标题吸引力不足，点击率较低，可以让 DeepSeek 对标题中的情感进行分析，检查标题是否能够引发目标受众的情感共鸣。同时，我们可以尝试加入更具吸引力的关键词或表达方式。

第四章

用 DeepSeek，15秒产出高转化商业文案

用 DeepSeek 深度洞察市场，精准分析消费者画像

无论是推广产品、优化服务，还是制定营销策略，我们都需要对市场和消费者有深刻的了解。如何快速理解市场趋势？如何精准定位目标消费者？面对海量的数据和复杂的信息，我们往往感到无从下手。借助 DeepSeek 这样的智能工具，我们可以高效地分析市场趋势，精准地描绘消费者画像，从而做出更明智的决策。接下来，我们将一步步掌握这一技能，让工作更加高效和有针对性。

1. 明确分析目标

在开始使用 DeepSeek 分析之前，需要先明确我们的目标是什么。例如，"我们的产品适合哪些消费者群体""当前市场有哪些未被满足的需求"，明确目标后，我们才能更有针对性地收集和分析数据。

2. 收集市场数据

可以通过多种渠道收集市场数据，例如行业报告、社交媒体、电商平台等，然后将收集到的数据保存成 Excel 或者 TXT 格式的文件，点击 DeepSeek 输入框中的回形针图标，导入 DeepSeek。同时，可以使用 DeepSeek 自动收集与目标相关的数据，节省时间和精力。

假如我们是外贸业务员，需要收集健康食品行业的市场数据。

在 DeepSeek 的输入框中输入"请帮我生成一份健康食品行业的市场分析报告。报告内容要含有：市场的搜索量趋势、消费者偏好分析、竞品监控（跟踪同行产品定价、营销策略、客户评价）"（输入指令），点击发送按键（进行查询），随后 DeepSeek 会快速生成一个涵盖了各种数据的市场分析报告（得到结果）。如下图所示。

健康食品行业市场分析报告

（2023—2024 年度）

一、市场搜索量趋势分析

1.1 全球搜索热度

- **关键词趋势**：近两年"健康零食""功能性食品""植物基蛋白""低糖低卡食品"等关键词搜索量年均增长 25%—40%（Google Trends 数据），其中亚太地区（中国、东南亚）增速最快。

- **季节性波动**：
  ○ Q1 高峰（1—3 月）：新年健康计划推动"减肥代餐""控糖食品"搜索量上涨 50%；
  ○ Q4 低谷：传统节日（如圣诞节、春节）期间搜索量短暂下降，但"节日健康礼盒"相关词搜索量上升。

1.2 区域差异

- **欧美市场**：搜索集中在"有机认证""无麸质""生酮友好"等细分需求；
- **新兴市场（东南亚、中东）**："便携健康零食""能量棒"搜索量年增长超 60%。

二、消费者偏好分析

2.1 核心需求分层

消费群体	偏好特征	热门品类
Z 世代（18—25 岁）	注重便捷性、口味创新、社交媒体种草	蛋白棒、即食鸡胸肉、益生菌软糖
中青年白领（26—40 岁）	追求成分透明、功能性（如助眠、护眼）、低热量	代餐奶昔、超级食物粉（奇亚籽、羽衣甘蓝）、无糖坚果
银发族（50 岁以上）	关注心血管健康、低钠低脂、传统食补概念	燕麦片、高纤维饼干、植物蛋白饮品

通过 DeepSeek 生成的这份健康食品行业市场分析报告，可以了解到健康食品行业的市场规模、增长率、竞争格局等信息。这些信息将帮助我们更好地制定策略。

3. 构建消费者画像

在分析市场数据的基础上，我们可以让 DeepSeek 自动抓取目标消费者的基本信息（如年龄、性别、地域）和行为数据（如购买记录、浏览习惯）。例如，"年轻白领：注重效率，喜欢尝试新科技产品""资深管理者：关注行业动态，偏好高端服务"。紧接着在网页搜索"匠邦"官网，扫码登录后，在主页选择个人身份。鼠标向右滑动，点击"营销策划"，选择"人物画像分析"。

进入"人物画像分析"，将 DeepSeek 生成的画像信息粘贴到对话框中，并且点击发送按键，即可得到一张用不同颜色标注的用户画像导图。如下图所示。

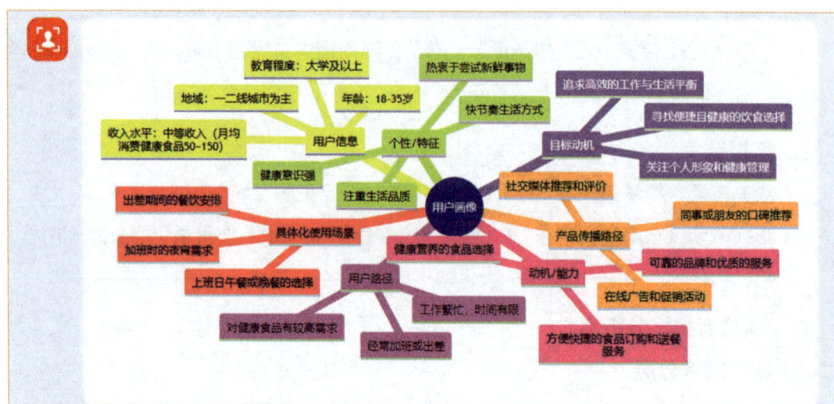

4. 验证与优化画像

根据市场洞察和消费者画像，可以制定更精准的营销策略或产品优化方案。在实施策略后，可以通过数据反馈验证效果，并根据结果进行调整和优化。

如果对最后分析的结果不满意，比如我们觉得 DeepSeek 抓取生成的用户画像不够准确，可以在 DeepSeek 输入指令"消费者行为预测"，模拟目标群体的决策路径，将画像结论与现有客户数据（如调研问卷、销售反馈）进行交叉验证，然后根据结果调整画像参数，例如细化年龄分段或增加兴趣标签；比如我们觉得 DeepSeek 数据量不足，分析结果不全面，可以扩大关键词范围、补充长尾词（"职场妈妈时间管理工具"）；比如我们觉得分析结果难以落地应用，可以利用 DeepSeek 将画像标签直接关联到营销动作，标签"注重性价比"关联到"推送折扣活动信息"，标签"偏好视频内容"关联到"增加短视频广告预算"。

文案变形记：利用 DeepSeek 生成不同商业文案

在快节奏的商业环境中，文案是我们与客户沟通的重要桥梁。无论是产品介绍、营销活动，还是品牌故事，文案的质量直接影响着客户的决策。面对不同的场景和需求，我们常常需要快速生成多种风格文案，精准且高效的文案生成能力已经成为职场必备技能。DeepSeek 作为一款人工智能驱动的文案工具，能够帮助我们突破创意瓶颈，快速适配不同场景需求，轻松实现文案的多样化生成。

接下来，我们将利用 DeepSeek 生成不同风格的商业文案，让创作效率与质量同步提升。

1. 明确文案目标和受众

使用 DeepSeek 生成商业文案之前，我们需要先界定文案的核心目标。例如，推广新品、提升品牌互动率或促进销售转化。明确目标后，可以进一步梳理关键信息："受众群体（年轻白领、宝妈、科技爱好者等）""核心卖点（产品功能、价格优势、情感价值）""传播平台（微信公众号、抖音、小红书等，不同平台需适配文案风格）"。

2. 构建高效提示词

接下来可以通过结构化指令引导 DeepSeek 生成精准内容，推荐采用以下公式：角色身份+任务场景+目标对象+核心需求+注意事项+输出格式+风格要求。

假如我们要撰写针对 30 ～ 40 岁女性的夏日防晒霜推广文案，可以在 DeepSeek 的输入框中输入"作为资深营销策划，请撰写一篇针对 30 ～ 40 岁女性的夏日防晒霜推广文案，突出'轻薄透气'和'长效防护'卖点，要求语言风格亲切自然，并加入限时优惠信息"（输入指令），点击发送按键（进行查询），随后 DeepSeek 自动生成一个关于夏日防晒霜的推广文案（得到结果）。如下图所示。

❤️ **这个夏天，让肌肤自由呼吸的防晒秘密**
——献给每一位在生活里发光的你

亲爱的，还记得上周接孩子放学时突然袭来的烈日吗？你护着宝宝躲进树荫，自己却晒红了手臂；或是周末和闺密野餐时，明明补了三次防晒，鼻尖还是悄悄脱了妆……这个夏天，我们懂你要的不仅是防晒，更是一份轻盈自在的保护。

🌿「云感防晒乳」三大贴心守护：

💧 0.01mm 空气感膜：像给肌肤穿上会呼吸的隐形斗篷，推开瞬间化作水雾，上班通勤、健身房挥汗都不闷不黏腻。

🌼 12 小时防护结界：采用日本「双膜锁护技术」，SPF50+/PA++++ 抵御烈日，早八点涂一次就能安心应对全天会议、接送、买菜的多场景切换。

🌺 养肤级温柔配方：添加积雪草精华与玻尿酸，敏感肌宝妈也能安心用，防晒同时悄悄抚平干燥小情绪。

「办公室李姐实测」："以前总觉得高倍防晒像戴面具，这款居然比乳液还轻薄！带娃去水上乐园那天，女儿蹭着我脸说'妈妈今天闻起来像棉花糖'。"

⏰ 限时宠爱福利（6.15—6.17）：
✅ 立即下单立减 30 元，第二支半价
✅ 前 100 名赠价值 89 元晒后修复冰晶
✅ 随单附赠便携防晒唇膏（可擦口红前打底！）

特别提醒职场妈妈们：点击下方「立即囤货」按钮，可额外解锁儿童防晒小样套装，这个暑假，和宝贝共享清爽无负担的亲子时光吧！

「生活从不是选择题，但防晒可以既要又要」
——即刻点击带走今夏最聪明的防晒方案▼
（文末小贴士：轻拍至吸收再上妆更服帖哟！）

按照我们输入的需求，DeepSeek 生成的这份推广文案多次运用亲切关怀的词语和语句，比如"献给每一位在生活里发光的你""亲爱的"，将"轻薄透气""长效防护"两个核心卖点进行了更专业、更细节化的补充。除此之外，DeepSeek 还

对推广方案加入了产品实测案例，比如方案中的"办公室李姐实测"，以轻松的口吻阐述，容易让目标受众群体接受。

DeepSeek 提供了多种文案风格供我们选择，例如"简洁专业""感性动人""幽默风趣"等。我们可以根据目标受众和场景，选择最适合的风格。例如，针对年轻用户，可以选择"幽默风趣"风格。

3. 选择模型与生成模式

目前 DeepSeek 一共推出 DeepSeek-R1 和 DeepSeek-V3 两种模型。如果我们需要完成一些基础任务，可以使用 DeepSeek-V3 模型，直接输入关键词（如"新品上市""七夕促销"），选择预设风格模板；如果我们的需求较为复杂，建议启用 DeepSeek-R1 模型，输入开放式目标（如分析竞品劣势并提出差异化文案策略），模型将提供多角度解决方案。

假如我们要撰写咖啡新品推广文案，可以选择 DeepSeek-V3 模型，在输入框中输入"请按照【社交媒体—饮品推广】模板，撰写一篇轻松活泼的咖啡新品文案，突出'焦糖香气'和'第二杯半价'优惠，融入办公室场景。加入'工作日提神''闺密分享'等场景关键词，并调整排版增强可读性，以 HTML 格式输出"（输入指令），点击发送按键（进行查询），随后 DeepSeek-V3 会自动生成一篇推广文案的 HTML 格式代码（得到结果）。点击【运行 HTML】自动生成图片。

4. 优化与迭代

如果对生成的结果不满意，需要对 DeepSeek 生成的内容进行二次调整。比如我们觉得生成的商业文案中信息不够精简，可以让 DeepSeek 删除文案中的冗余描述，强化产品核心卖点；比如我们觉得文案风格与品牌和发布平台不符，可以继续输入指令"小红书文案需加入'Emoji'和'个人体验'，抖音脚本需设计'前 3 秒悬念'"，在提示词中明确品牌调性（如科技感、复古风），或上传历史文案供模型学习风格。

利用 DeepSeek 辅助跨平台、多账号矩阵管理

在当今数字化工作环境中，我们经常同时管理多个平台的账号，例如社交媒体、电子邮件、项目管理工具等，这不仅增加了我们的工作负担，还容易导致信息混乱、效率低下、数据分析分散。每个平台发布作品的流程，更是烦琐到让人头疼。DeepSeek 作为智能工具，能够帮助我们高效地整合和管理多个账号，实现多账号的统一调度、内容优化和数据监控，从而提升工作效率。接下来，我们将利用 DeepSeek 构建高效的跨平台矩阵管理体系。

1. 跨平台内容生成与分发

登录 DeepSeek 网页，根据不同平台的特点让 DeepSeek 自动生成适配的内容。例如，在输入框中输入关键词或主题，DeepSeek 可以生成适合小红书的图文文案、抖音的短视频脚本或微博的短文案。如果我们想要将同一内容快速适配到多个平台，例如，将长视频脚本拆解为小红书图文、B 站分镜脚本等，可以给 DeepSeek 输入更精准的指令，实现内容的高效裂变。DeepSeek 可以分析各平台的流量规律和用户行为，帮助优化发布时间和内容策略。

假如我们想要改写适配不同平台的文案，可以先将一篇文案内容（如小红书笔记）保存为文档，点击 DeepSeek 输入框中的回形针图标上传文档，并输入"请阅读该文档，将其文本内容拆解，按照每个镜头包含画面、旁白、字幕、背景音乐等四个要点，改写为 B 站分镜脚本"（输入指令），点击发送按键（进行查询），然后得到 DeepSeek 快速生成的一个分镜脚本（得到结果）。如下图所示。

B 站分镜脚本：早春穿搭指南 | 20 岁女大学生的清新减龄秘籍

镜头 1：开场（00:00 — 00:15）
- **画面：** 镜头扫过樱花树下，一群女生在校园里纠结穿搭，切换到镜头前的博主（复旦服装设计系学姐）。

- **旁白：**

  "早春的风一吹，校园里的樱花就开了，但姐妹们好像更纠结穿什么出门！今天，学姐手把手教你用基础款搭出清新氧气感，5 分钟出门也能斩获回头率！"

- **字幕：**

  "20 岁女大学生的早春穿搭秘籍，学姐来支招！"

- **背景音：** 轻快的早春背景音乐。

镜头 2：低饱和配色（00:15 — 00:45）

- **画面：** 展示三套低饱和配色的穿搭，每套停留 5 秒。
  - 樱花粉针织开衫 + 奶油白灯芯绒 A 字裙。
  - 薄荷绿卫衣叠穿米色衬衫 + 浅蓝直筒牛仔裤。
  - 鹅黄打底 + 燕麦色马甲 + 浅灰外套。

- **旁白：**

  "早春的氛围感密码，就是低饱和配色！软糯樱花粉针织开衫搭配奶油白灯芯绒 A 字裙，就是行走的春日马卡龙。薄荷绿卫衣叠穿米色衬衫，清爽又减龄。进阶版试试'三明治法则'，层次感直接拉满！"

- **字幕：**

  "低饱和配色，早春氛围感直接拿捏！"

- **背景音：** 轻快的背景音乐。

短短几秒钟的时间，就能够将一篇小红书笔记改写为适合 B 站的分镜脚本。使用 DeepSeek 改写文案，可以帮助我们高效地管理跨平台、多账号矩阵，提升内容创作和运营效率。

2. 多账号管理与数据整合

可以通过 DeepSeek 的热点捕捉，扫描多个平台的热门话题和趋势，为不同账号找到适合的方向。例如，输入"小红书美妆 + 抖音科技 + 微博热搜"，DeepSeek 可以生成跨平台的内容基因图谱。还可以借助 DeepSeek 的自动化数据抓取和清洗功能，整合来自不同平台的数据（如电商平台、社交媒体等），并生成精准的分析报告。

在网页搜索"易媒助手"官网，注册登录，可以用这个平台配合 DeepSeek 轻松管理 70+ 自媒体账号，多平台一键发布内容。

DeepSeek 支持多平台同步，可以在台式电脑、手机、平板等多个设备上无缝使用，方便管理不同账号。

3. 运营策略

回复粉丝问答不及时，可能导致粉丝取关，但跨平台的多个账号分散了我们大部分精力，极容易造成漏看、错看、回复不及时等情况发生。因此，我们可以借助 DeepSeek 完成自动化运营，设置 AI 机器人回答常见问题，提升用户黏性。例如，在社群中设置 AI 机器人回答"如何选赛道"等常见问题。根据粉丝行为，DeepSeek 可以生成个性化的干货内容，提升粉丝参与度和留存率。

4. 私有部署与扩展

如果我们需要更高效地管理大规模账号矩阵，可以考虑 DeepSeek 的私有部署方案。通过多机分布式推理，DeepSeek 可以在异构多机环境中运行，突破单机限制，提升处理能力。

在使用 DeepSeek 的过程中，可能会遇到一些问题。比如我们觉得 DeepSeek 跨平台生成的文案风格不一致，可以提前为不同平台预设内容规则（如知乎长文专业化、小红书口语化），输入指令"风格校准"，上传平台样例内容让 DeepSeek 学习适配。

通过 DeepSeek 创建互动内容，促进消费者参与品牌活动

当今数字化时代，品牌与消费者之间的互动变得越来越重要。我们希望通过创新的方式，让消费者更深入地参与品牌活动，从而增强品牌忠诚度和用户黏性。

DeepSeek 作为一种强大的工具，能够帮助我们创建互动内容，让消费者在参与过程中感受到乐趣和价值。接下来，我们将一起探索如何通过 DeepSeek 实现这一目标，让品牌活动更具吸引力。

1. 明确活动目标

使用 DeepSeek 创建互动内容之前，首先需要明确核心目标，例如"提升新品曝光"或"增加会员注册"。目标不同，互动形式的选择会有所差异。比如我们认为核心目标是"新品曝光"，那么可以利用 DeepSeek 设计"产品知识答题 + 抽奖"活动；比如我们认为核心目标是"用户留存"，那么可以利用 DeepSeek 开发"每日签到 + 积分兑换"小游戏。

2. 选择互动形式

根据已经明确的核心目标，可以通过 DeepSeek 生成多种互动方案。例如，如果我们希望增加趣味性，可以选择创建一个小游戏；如果我们希望收集用户偏好，可以设计一份问卷调查。DeepSeek 提供了多种模板，可以根据自己的需求进行选择。

假如我们需要为咖啡品牌设计一个互动游戏，可以在 DeepSeek 的输入框中输入"请为咖啡品牌设计一个用户生成 UGC 内容的互动玩法，要求结合拍照打卡和抽奖机制"（输入指令），点击发送按键（进行查询），随后 DeepSeek 会自动生成一个互动玩法（得到结果），如"场景化打卡任务"中的主题盲盒杯套、AR拍照触发、打卡点位特权。DeepSeek 还对游戏抽奖机制进行了奖池梯度设计，按照中奖率分布奖项。如下图所示。

> 以下是为咖啡品牌设计的 UGC 互动玩法方案，结合拍照打卡与趣味性抽奖机制，兼顾传播裂变与品牌曝光：
>
> **活动名称：**「幸运定格咖啡馆」
> （结合品牌名 + 拍照概念 + 抽奖暗示）

核心玩法设计

1. 场景化打卡任务（UGC 生产引擎）

- **主题盲盒杯套**：推出 6 款限定款杯套，印有不同主题文案（如"转角遇到咖""打工人的续命神器""偷看咖啡师的第 5 秒"），用户购买饮品随机获得，激发收集欲。

- **AR 拍照触发**：杯套 / 杯身暗藏 AR 彩蛋，用品牌 App 扫描触发动态特效（如咖啡豆雨、虚拟品牌 IP 互动），引导用户拍摄创意短视频。

- **打卡点位特权**：每家门店设置 1 个"幸运墙"拍照角，提供品牌周边道具（巨型咖啡杯抱枕、台词手举牌），用户与道具合影可解锁隐藏抽奖码。

2. 游戏化抽奖机制（即时反馈 + 社交裂变）

- **扭蛋式抽奖页面**：用户上传打卡照至小程序后，触发 3D 咖啡扭蛋机互动动画，点击后掉落扭蛋显示奖品（100% 中奖）。

- **奖池梯度设计**：
  - **每日奖**：第 2 杯半价券、周边折扣码（70%）
  - **惊喜奖**：咖啡师手写祝福明信片 + 新品试饮（25%）
  - **超级锦鲤**：年度咖啡卡 + 门店微电影主角体验（5%）

- **社交加成规则**：邀请好友参与活动可叠加"幸运值"，每增加 1 人点赞打卡照，抽奖权重提升 10%（上限 50%）。

3. 二次传播裂变设计

- **生成电影票根**：系统自动将用户照片合成"咖啡馆一日主角"电子票根，含专属编号和品牌 Slogan（专属标语），适合朋友圈传播。

- **话题双端联动**：线下照片墙同步展示线上精选内容，扫码可投票评选"月度咖啡之星"，获奖者照片登上杯套设计。

　　DeepSeek 对这次互动游戏生成了"二次传播裂变设计"，比如"系统自动将用户照片合成'咖啡馆一日主角'电子票根，含专属编号和品牌 Slogan""线下照片墙同步展示线上精选内容，扫码可投票评选'月度咖啡之星'，获奖者照片登上杯套设计"。通过多种方式调动用户参与感，激励用户进行消费活动。

③. 生成并优化内容

　　利用 DeepSeek 生成初步方案后，需要进一步优化细节。比如我们觉得咖啡馆的这个活动缺少了"趣味性"和"用户激励"，可以让 DeepSeek 将这两个关键词增添进去。如下图所示。

一、趣味性升级：让拍照变成"闯关游戏"

1. 剧情化打卡挑战

- 发布「咖啡特工任务卡」：每周推出 1 个主题故事线（如"解救被困咖啡豆""寻找神秘配方"），用户需在门店找到 3 个指定彩蛋（如扫描特定图案、与店员对暗号）并拍照，集齐线索解锁剧情结局。

- 动态 AR 滤镜彩蛋：在品牌小程序设置 5 款咖啡主题滤镜（如"咖啡泡泡攻击""拿铁艺术大师"），用户拍照使用滤镜后自动识别咖啡杯位置，触发"咖啡拉花评分小游戏"，根据分数发放金币奖励。

2. 社交 PK 机制

- 咖啡灵感 Battle 榜：用户上传创意照片时可选择参赛标签（# 办公室咖啡馆 # # 咖啡与猫 #），每周按点赞量评选 TOP10，胜者照片将出现在品牌外卖封口贴，并触发"好友助攻"功能——参与者可分享链接召唤好友投票，助攻达 5 人即可复活并获得一次抽奖机会。

二、用户激励升级：打造"即时爽感 + 长期成就"双引擎

1. 金币积分体系（即时反馈）

- 行为赚金币：拍照打卡（+50）、带定位发社交平台（+100）、邀请新用户（+200），金币可兑换：
  - 道具类：虚拟咖啡种子（种出不同稀有度咖啡树兑换奖品）
  - 特权类：优先体验新品权、咖啡师 1v1 拉花教学
  - 实体类：限量盲盒杯套（金币 +1 元换购）

2. 成就勋章系统（长期黏性）

- 设立咖啡职人等级：
  - 咖啡小白（参与 1 次）→解锁基础滤镜
  - 资深咖友（集齐 5 款杯套）→获得门店免排队权
  - 咖啡鉴赏家（发布 10 条优质 UGC）→名字刻入品牌荣誉墙 + 年度礼盒

3. 概率惊喜事件（情绪峰值）

- 隐藏款咖啡杯：每 100 杯随机出现 1 个"金杯"，获得者可直接召唤咖啡车到指定地点免费送 50 杯。

- NPC 触发机制：店员随机扮演"咖啡财神"，向正在拍照的顾客派发"双倍金币卡"或"万能扭蛋币"。

与初步方案相比，这一次的方案进行了"趣味性"和"用户激励"双升级。DeepSeek 在活动趣味性方面增加了"咖啡特工任务卡"部分，如"每周推出一个主题故事线，用户需在门店找到三个指定彩蛋并拍照，集齐线索解锁剧情结局"；在用户激励方面增加了"金币积分体系"和"成就勋章系统"，通过拍照打卡、带定位发社交平台、邀请新用户等方式获得金币，金币可兑换各种道具。不同的成长勋章能解锁不同的特权，这种方式可增加用户的长期黏性。DeepSeek 还设置了概率惊喜事件，能够激发用户正向情绪。

4. 发布与推广

通过 DeepSeek 生成多渠道推广文案，比如社交媒体（如小红书、微信朋友圈），可以生成带表情符号的短文案。

除了让 DeepSeek 生成简单的文字内容外，还可以让 DeepSeek 添加图片、视频，让内容变得更加生动。如果对最后生成的结果不是很满意，可以根据个人需求进一步优化和调整。比如我们觉得互动内容参与度太低了，可以尝试优化内容的趣味性和实用性，加入奖励机制或与热点话题结合；比如我们觉得互动内容与品牌调性不一致，可以让 DeepSeek 在设计内容时使用品牌的视觉元素（如 Logo、配色）和语言风格，确保内容与品牌形象保持一致。

舆情预警器：利用 DeepSeek 进行品牌舆情监测与危机预警

在信息爆炸的时代，品牌的一举一动都可能被无限放大，一次负面舆情若未及时处理，可能演变为难以挽回的危机。我们作为品牌守护者，需要一双"眼睛"时刻关注舆论动向，避免潜在危机，同时把握机会，提升品牌形象。DeepSeek

强大的舆情监测与预警功能，能够帮助我们顺利实现这一目标。接下来，我们将一起学习如何借助 DeepSeek 快速搭建舆情预警系统，让品牌在危机萌芽阶段就能主动应对，化被动为主动。

1. 明确监测目标

首先需要明确舆情监测的目标。例如，我们是想监测品牌整体声誉，还是针对某一特定产品或事件？明确目标后，我们才能更有针对性地设置监测关键词。在 DeepSeek 平台上，可以设置与品牌相关的关键词，例如品牌名称、产品名称、高管姓名等；可以设置负面关键词，例如"投诉""质量问题"等，以便及时发现潜在危机；还可以选择监测的范围，例如社交媒体、新闻网站、论坛等。DeepSeek 支持全网覆盖，确保我们不会遗漏重要信息。

2. 实时监测与分析

DeepSeek 会实时抓取与关键词相关的信息，并进行情感分析和趋势预测。可以通过仪表盘查看舆情动态，例如正面、负面、中性信息的占比，以及热点话题的变化；还可以将 DeepSeek 与"清博舆情"（舆情处理系统）结合，多维度分析挖掘，快速了解舆情态势。

DeepSeek 具备强大的语义理解能力，可以帮助"清博舆情"深挖品牌相关话题。而"清博舆情"结合 DeepSeek，可以在海量的网络文本中进行更精准的情感分析，判断大众对品牌的正负面、中性及多元情感倾向。无论是在微博、微信、小红书、抖音等社交媒体上的用户评价，还是各大官网新闻报道、论坛帖子，"清博舆情"都能迅速捕捉到其中的情感倾向，并将舆情态势提供给我们。

3. 设置预警机制

在快节奏数字时代，瞬息万变的舆情环境下，品牌危机不容小觑，我们必须迅速且精准地做出高效决策，才能制止一次舆论的发酵。"清博舆情"接入 DeepSeek 之后，可以通过实时监测、智能分析功能，提前发现潜伏着的品牌危机，并及时发出预警；可以根据需求设置预警规则，例如当负面信息达到一定数量或某一话题热度迅速上升时，DeepSeek 可以通知我们，以便及时采取行动；DeepSeek 还可以自动生成舆情分析报告，帮助我们全面了解舆情现状。我们可以根据报告优化品牌传播策略，例如加强正面宣传或针对负面舆情进行公关回应。

假如我们需要为某品牌生成舆情分析报告，可以在 DeepSeek 的输入框中输入"我是某知名汽车品牌，通过舆情监测发现社交媒体上关于品牌新推出的一款新车外观设计讨论热度飞涨，请自动生成舆情分析报告"（输入指令），点击发送按键（进行查询），随后 DeepSeek 会快速生成一份关于新车型的用户讨论舆情分析报告（得出结果）。如下图所示。

舆情分析报告：××品牌新车外观设计社交媒体舆情洞察

时间范围： [请补充监测时间段]

监测平台： 微博、抖音、小红书、汽车论坛（懂车帝 / 汽车之家）等

一、舆情概述

近期，××品牌新车型（[车型名称]）外观设计引发社交媒体广泛讨论，热度较上市初期增长 230%（假设数据），核心讨论聚焦于设计语言创新性、美学争议性、品牌基因延续性三大维度。话题扩散以用户自发 UGC 内容为主，KOL 测评及跨界讨论（如科技、时尚领域）助推热度破圈。

二、核心数据洞察

1. 声量趋势

　◦峰值节点：发布会当日（+300%）、首批实车到店体验（+150%）、某头部汽车博主深度评测（播放量 500 万 +）。

　◦长尾效应：争议性设计（如格栅 / 灯组造型）持续引发二创表情包、对比图传播。

2. 情感分布（假设比例）

　◦正面评价（65%）："未来感十足""突破品牌传统""辨识度极高"。

　◦中性讨论（20%）："需实车验证质感""配色影响视觉效果"。

　◦负面反馈（15%）："过于激进""尾部设计不协调""与经典款对比落差"。

3．热门话题标签

- **热门话题**：#×× 品牌设计师开挂了 ## 实拍 ×× 新车颜值争议 ## 这车开出去回头率有多高 #
- **用户二创内容**：AI 改图猜想量产版、经典车型对比拼图、趣味段子（如"设计师来自赛博坦？"）

三、焦点议题分析

1．设计亮点认可度 TOP3

- **前脸设计**：分体式灯组 + 发光 Logo 科技感获年轻群体好评。
- **车身线条**：溜背造型与隐藏式门把手被赞"兼具运动与优雅"。
- **色彩方案**：哑光车漆及限定色（如"星云紫"）成女性用户讨论焦点。

2．争议集中点

- **尾部造型**：贯穿式灯组宽度、排气布局引发两极评价。
- **品牌传承**：部分用户认为"丢失家族设计 DNA"，与竞品（如 [竞品 A]）同质化。
- **实车质感疑虑**：概念车与量产版差异、材质做工成潜在担忧点。

DeepSeek 将这份舆情分析报告共分为"舆情概述""核心数据洞察""焦点议题分析"三个模块。在"舆情概述"模块中，可以看见用户核心讨论聚焦于"设计语言创新性、美学争议性、品牌基因延续性"三大维度；在"核心数据洞察"模块，可以发现用户情感分布，其中的正面评价（如"未来感十足""突破品牌传统""辨识度极高"）占据 65%，中性讨论（如"配色影响视觉效果"）占据 20%，负面反馈（如"尾部设计不协调"）占据 15%。从百分比来看，正面评价占据大多数，用户主要为正面情感倾向。

根据这份舆情分析报告，我们可以及时关注到用户反馈，针对用户提出的负面建议进行积极回应，并对优势进行大力宣传，从而获取用户对汽车品牌的好感度，进一步提升汽车品牌的市场口碑。如果在使用 DeepSeek 时遇到问题，比如我们觉得信息过多，难以聚焦重点，可以让 DeepSeek 优化关键词组合，例如增加长尾词（"品牌 A+ 退款难"）；比如我们发现数据来源不全面，可以在 DeepSeek 中补充小众平台（如垂直论坛、贴吧）的检测配置，或通过 API 接入企业自有数据（如客服工单）。

借助 DeepSeek 提升品牌文案的感染力

文案是连接消费者与品牌的重要桥梁，我们希望通过文字的力量，让品牌故事更具感染力，打动消费者的心。然而，在信息过载的时代，消费者每天接触的内容数不胜数，如何让品牌文案脱颖而出、打动人心？对我们而言，无疑是一个巨大的挑战，有时只能望着空白文档暗自发愁。DeepSeek 作为一款基于人工智能的文案优化工具，能够帮助我们提升文案的感染力，让品牌信息深入人心。接下来，我们将一起探索如何借助 DeepSeek 为品牌文案注入情感与温度，让文字真正"走入用户内心"。

1. 明确文案目标与受众

首先要明确文案的核心目标（提升转化、传递品牌理念）和受众特征（年龄、兴趣、痛点）。例如，针对年轻妈妈的母婴产品文案需要突出"安全"和"便捷"，而针对职场白领的科技产品则需强调"效率"与"专业"。然后用"黄金圈法则"自问"用户为什么要关心这个信息""通过什么方式传递最自然""产品传达的核心价值是什么"。

2. 结构化输入信息

在 DeepSeek 的输入框中，可以输入现有的文案内容，例如品牌关键词（如"天然成分""极简设计"）、用户需求关键词（如"省时""高性价比"）以及场景描述（如"节日促销""新品发布"），这些信息将帮助 DeepSeek 更精准地理解我们的需求。推荐结构化模板："请生成【产品类型】的文案框架，需要包含：目标人群、核心诉求、情感基调、禁用词汇。"

假如我们要为中式香水品牌生成文案框架，可以在 DeepSeek 的输入框中输入"请生成【中式香水】的文案框架，需要包含：1. 目标人群：25 ～ 45 岁女性；2. 核心诉求：为这个香水品牌创作一个故事；3. 情感基调：温暖、亲切；4. 禁用词汇：绝对化用语、夸张承诺"（输入指令），随后点击发送按键（进行查询），DeepSeek 会自动生成一个文案框架（得到结果）。如下图所示。

【中式香水】文案框架

——「芳华故里」——

以东方气韵织就时光温度

一、品牌故事脉络

故事标题：庭前芳华，岁月生香

灵感来源：以江南老宅庭院为意象，讲述四代制香世家以「记忆」为引，萃取四季自然馈赠，调和东方女性骨血中的温婉与坚韧。

叙事结构：

1.「根」的溯源

- 祖母的香料匣：檀木匣中封存茉莉、桂花、茶芽与沉香的秘密，象征家族对自然的敬畏。

- 庭院四时：春采晨露茉莉，夏收雨后新荷，秋藏金桂蜜蕊，冬焙陈年檀片，呼应中式生活美学。

2.「人」的温度

- 调香哲学：不追逐浓烈，专注「留白」——香气如水墨晕染，贴近肌肤温度后渐次舒展。

- 匠人剪影：第三代传承人用古法蒸馏技艺，以竹制器皿慢萃精油，保留草木本真气息。

3.「情」的共鸣

- 现代诠释：将老宅庭院的烟火气融入香水，前调清冽（竹露／柑橘）、中调柔暖（白兰／米酿）、尾调沉静（檀木／琥珀），如拥抱般疗愈。

二、情感共鸣点设计

1. 场景化代入

- 「她既是职场利刃，也是女儿与母亲，总在喧嚣中寻一处心安」

  → 香气隐喻：忙碌时如清风拂面，独处时若故里灯火。

2. 文化符号轻植入

- 瓶身设计灵感：参考宋代瓷釉的温润质感，瓶盖镌刻「回」字纹，寓意「归心」。

DeepSeek 生成的文案框架明晰，既写明了故事灵感来源，还展示了叙事结构（如"根"的溯源、"人"的温度、"情"的共鸣），并且 DeepSeek 设计了情感共鸣点，从场景化代入"她既是职场利刃，也是女儿与母亲，总在喧嚣中寻一处心安"，从文化符号轻植入"瓶身设计灵感：参考宋代瓷釉的温润质感，瓶盖镌刻'回'字纹，寓意'归心'"。如下图所示。

3. 生成、筛选初稿

可以让 DeepSeek 根据输入信息输出多个版本的初稿。例如，同一款咖啡机的文案可能包括"唤醒清晨的第一缕醇香"或"3 分钟，让办公室变身咖啡馆"。我们可以在不同风格中选择最接近品牌调性的方向，还可以通过"三点评估法"来评估被选出来的初稿，"是否能在三秒内抓住注意力""是否有具体的使用场景联想""是否避免了行业陈词滥调"。

4. 人格化润色、加强感染力

可以通过调整 DeepSeek 参数（如"温暖""活力""专业"）来优化文案的情绪表达。例如，将"这款护肤品保湿效果好"改为"24 小时锁水，让你的肌肤告别干燥焦虑"；同时，可以手动微调关键词或句式，使文案更贴合品牌个性；还可以对 DeepSeek 追加指令，如输入"请用【朋友式建议】的语气改写，加入 1 个职场常见痛点场景，控制在 200 字以内"，上传竞品文案，让 DeepSeek 分析情感倾向，生成差异化表达。

假如我们要为中式香水品牌文案框架增加感染力，可以在 DeepSeek 的原对话输入框中输入"请将文案框架的情绪加强，增加文案框架感染力"（输入指令），点击发送按键（进行查询），随后 DeepSeek 快速生成一个增强感染力版本的文案框架（得到结果）。如下图所示。

以下是情绪强化后的【中式香水】文案框架调整，通过更具象的场景、细腻的隐喻与情感流动提升感染力：

「芳华故里」—— 让东方气韵成为肌肤上的诗
核心情感锚点："被香气拥抱的东方浪漫，是写给岁月的温柔情书"

一、品牌故事重塑：用香气缝合时光断层
标题升级：老屋檐下的香事
故事张力强化：
1.「祖母的茉莉匣」
　○细节刻画：
　　"她总在晨雾未散时摘下茉莉，指尖沾着露水与花香，把花瓣藏进褪色的檀木匣。
　　三十年后，当我打开匣子，尘埃在光里浮沉，却有一缕温润暗香，倏然漫过眼
　　角皱纹。"
　○情感钩子："有些香气，能绕过鼻腔，直接落在心上。"
2.「调香是一场重逢」
　○矛盾冲突：
　　"第三代调香师执意守护古法：竹编蒸馏器需要三天才能凝出一滴精油。
　　投资人摇头说'太慢'，她却低头轻嗅染香的袖口：'急着赶路的人，闻不到真
　　正的故乡。'"
　○金句点睛："慢，是对记忆最基本的诚意。"

二、情绪浓度升级：五感通感叙事
1. 嗅觉场景化
　○通勤时刻：
　　"地铁人群拥挤的刹那，腕间飘出一丝清苦茶香——
　　像小时候摔疼膝盖时，外婆抹在伤处的药草味道，忽然就红了眼眶。"
　○深夜独处：
　　"加班到凌晨推开家门，玄关的琥珀尾调悄然漫开……
　　恍惚看见老宅天井的月光，落在母亲温牛奶的瓷碗边。"

2．触觉隐喻

◦香水质感：

"初遇是竹叶尖将坠未坠的凉露，再品成晒过三秋的棉麻织物轻蹭脖颈，最后化作祖父书房那盏铜炉余温，暖意从耳后一寸寸爬上心头。"

三、文化意象情感赋能

1．节气叙事

◦「立春·醒枝」：

"开瓶是雪融时折断青竹的凛冽，中调渗出火炉上煨了整夜的米酒甜，尾调却是父亲悄悄塞进你行李箱的陈皮香——他始终记得你怕冷。"

◦「冬至·归巢」：

"前调炭火噼啪炸开松子气，中调混着旧毛线被晒透的蓬松感，尾调化作佛龛前供果的沉香，像奶奶合掌祈福时颤抖的尾音。"

2．器物拟人化

◦瓶身故事：

"釉色模仿被炊烟熏暖的白墙，指纹抚过瓶身'回'字纹，如同触摸老宅门环上经年的铜锈——那些离家后才懂得的乡愁，此刻正在掌心发烫。"

四、传播语言情绪爆破

"我们不善言爱，却把半生牵挂都藏进这瓶香气。"

"你闻，这是江南的梅雨季——外婆的蓝布衫、潮闷阁楼，还有她临终前攥在我手心的桂花糖。"

"城市高楼割碎了月光，幸好还有一缕香，能把你渡回童年的弄堂。"

"西方香水说'诱惑'，东方香道讲'懂得'。"

五、禁忌规避技巧

· 替代绝对化表述：

"不是'最'动人的故事"→"可能是你与旧时光最私密的对话"

"不敢说'永恒'"→"至少能留住 2023 年深秋，母亲发梢的桂花油味道"

· 弱化商业感：

"香水"替换为"肌肤上的故园""可穿戴的乡愁""呼吸间的家书"

情绪落点：将"中式香"定义为"东方女性集体记忆的液态存档"，用香气唤醒被 996 碾碎的诗意、被城市化稀释的血脉温情，让产品成为情感代偿的媒介。

可以看到在 DeepSeek 新生成的版本中，不仅提取了【核心情感锚点】"被香气拥抱的东方浪漫，是写给岁月的温柔情书"，还强化了故事张力"祖母的茉莉匣（细节刻画）""调香是一场重逢（矛盾冲突）"，更升级了情感浓度"嗅觉场景化（地铁人群拥挤的刹那，腕间飘出一丝清苦茶香，像小时候摔疼膝盖时，外婆抹在伤处的药草味道）""触觉隐喻（初遇是竹叶尖将坠未坠的凉露，再品成晒过三秋的棉麻织物轻蹭脖颈）"。

5. 视觉化适配

DeepSeek 能够根据传播渠道，调整文案表达。比如我们觉得朋友圈文案过于死板，可以让 DeepSeek 添加一些表情符号分段；比如我们觉得 PPT 的呈现不够精美，可以让 DeepSeek 在 PPT 文案中生成 3 组对仗式小标题 + 视觉化图表；比如我们觉得视频脚本中的情绪起伏不够大，可以让 DeepSeek 输出 15 秒 /30 秒双版本情绪曲线，方便查看情绪波动。

第五章

DeepSeek 流量永动机，百万粉丝账号养成计划

运用 DeepSeek 进行三轴定位法，快速锁定内容赛道

作为职场人，我们常常面临时间紧迫、精力有限的困难。无论是副业探索、品牌推广，还是职场知识分享，如何快速找到适合自己的内容方向并高效产出，是令许多人头疼的问题。在内容创作和传播领域，找到适合的内容赛道更是我们获得成功的关键。"三轴定位法"可以帮助我们从海量信息中筛选出高潜力的内容赛道。接下来，我们将结合智能工具 DeepSeek 的数据分析能力，以更科学的方式减少试错成本，提升内容创作效率。

1. 三轴定位法

三轴定位法是一种用于精准定位和决策的方法，包含了"需求轴、竞争轴、适配轴"三种维度。其中的"需求轴"是指关注目标受众的痛点或兴趣点，分析消费者的搜索量、讨论热度等，以确定消费者的核心需求和期望。"竞争轴"是指评估赛道内已有内容的质量和数量，分析竞品数量和爆款门槛，帮助我们了解市场竞争的激烈程度和差异化机会。"适配轴"则是指考虑自身资源和能力的匹配度，包括专业背景、时间投入以及差异化空间，确保所选方向与自身优势相契合。通过三轴定位法，我们可以更科学地制定策略，找到适合自身发展的市场定位。

2. 明确需求轴，找到用户真正关心的内容

登录 DeepSeek 网页，在输入框中输入与领域相关的关键词（如"职场沟通""时间管理""旅游攻略"），通过让 DeepSeek"关联词分析"，深度挖掘用户高频提问（如"如何应对领导 PUA""通勤时间学习技巧"）。DeepSeek 会提供需求热度数据，帮助我们找到未被满足的需求。紧接着开始筛选高潜力需求，优先避开搜索量高但内容饱和度低的关键词，可以让 DeepSeek 自动标注红 / 蓝海标签。DeepSeek 会收集相关数据，分析受众的兴趣点，并生成兴趣趋势报告。

3. 分析竞争轴，避开红海，发现蓝海

DeepSeek 可以帮助我们分析市场竞争情况，例如哪些内容赛道已经饱和，哪些还有机会。可以使用 DeepSeek 的"内容库对比"功能，输入目标关键词，查看头部账号的内容形式、更新频率、互动数据，通过分析竞争对手的内容数量、质量和传播效果，找到差异化的切入点。

假如我们想要查看传统手工艺赛道的头部账号，分析市场竞争情况，可以在 DeepSeek 的输入框中输入"请帮我分析一下头部账号的内容形式、更新频率、互动数据，以及传播效果，并且找到差异化的切入点"（输入指令），点击发送按键（进行查询），然后 DeepSeek 会生成一个回答（得到结果）。如下图所示。

> **一、头部账号分析（以李子柒为例）**
>
> **1. 内容形式**
> - **主题选择：** 传统手工艺、节气美食、田园劳作、自然风光，强调"治愈感"和"文化输出"。
> - **画面风格：** 电影级构图、慢节奏剪辑、弱台词强意境，突出"沉浸式体验"。
> - **叙事逻辑：** 弱剧情化，以季节 / 节气为线索，展示从原料采集到成品制作的全过程。
> - **差异化标签：** 东方美学、非遗传承、个人 IP 符号化（如标志性麻花辫、奶奶与狗）。
>
> **2. 更新频率与传播效果**
> - **更新周期：** 1—2 月 / 条（重制作周期），但单条视频全网播放量破亿（如《水稻的一生》）。
> - **平台策略：** YouTube 为核心（海外文化输出），国内全平台分发（微博、B 站、抖音等）。
> - **传播亮点：** 海外粉丝占比高（如 YouTube 订阅 1730 万 +），被外媒评价为"中国软实力"。
>
> **3. 互动数据特点**
> - **用户评论：** 集中于"治愈""向往""文化共鸣"，粉丝自发翻译字幕传播。
> - **商业转化：** 品牌联名（如故宫文创）、自营电商（螺蛳粉、藕粉等），弱化广告感。
>
> **二、竞品共性 vs 市场空白**
>
> **1. 竞品共性（如滇西小哥、彭传明）**
> - **同质化内容：** 传统美食复刻、家庭温情场景、宠物 / 长辈元素。
> - **痛点：**
>   - 过度追求"唯美"，缺乏真实生活细节（如农活的辛苦）。

◦ 文化输出集中于"过去"，缺少与现代生活的联结（如年轻人返乡创业议题）。

◦ 互动模式单一（粉丝仅旁观，无法参与）。

2．市场空白与机会点

- 内容差异化：

◦ 真实感升级：展示乡村生活的 B 面（如天气灾害对农作物的影响、手工艺失败重试）。

◦ 跨界融合：乡村＋科技（如智能种菜）、乡村＋艺术（如田野装置展）。

◦ 细分领域：聚焦小众手艺（如古法造纸、草木染）或区域性民俗（如贵州苗绣）。

三、差异化切入点建议

1．人设定位

◦ "非完美生活家"：不回避乡村的粗糙感（如蚊虫的滋扰、劳作的疲惫），塑造真实可感的形象。

◦ "连接者"角色：为城市用户提供参与接口（如认领菜地、定制手工艺品）。

2．内容方向（附案例）

- 主题 1：新旧碰撞

◦ 示例：《我用 3D 打印修复爷爷的旧农具》《乡村咖啡馆改造日记》。

◦ 价值点：打破"乡村＝落后"刻板印象，吸引年轻群体。

- 主题 2：微型纪录片

◦ 示例：《留守老人的 100 种手艺》《村庄消失前的最后一代手艺人》。

◦ 价值点：社会议题＋人文关怀，提升内容深度。

- 主题 3：轻量化互动

◦ 示例：短视频系列《30 秒乡村冷知识》（如"为什么稻田里要养鱼"）。

◦ 价值点：适配抖音碎片化传播，降低创作成本。

3．技术加持

- 拍摄手法：增加第一视角（如 GoPro 戴头上摘果子）、延时摄影（如庄稼生长过程）。
- 工具创新：用 AI 生成乡村童话插画，作为视频转场素材。

　　DeepSeek 先进行了头部账号分析，包含了内容形式、更新频率与传播效果、互动数据特点三大模块，每个模块都分析得非常详细，如内容形式模块中的"主题选择"包含传统手工艺、节气美食、田园劳作、自然风光，强调"治愈感"和"文化输出"。然后 DeepSeek 总结了头部账号的差异化标签，如东方美学、非遗传承、个人 IP 符号化（如标志性麻花辫、奶奶与狗）。DeepSeek 再找到了竞品共性和市场空白，如"传统美食复刻""家庭温情场景"同质化程度过高，可以按照生成的结果，删减同质化的内容，根据痛点修正自己的作品，提升作品内容的差异化和互动创新，如"真实感升级，展示乡村生活的 B 面""细分领域，聚焦小众手艺（如古法造纸、草木染）或区域性民俗（如贵州苗绣）"。最后 DeepSeek 提出了差异化切入点的建议，如人设定位、内容方向、技术加持。

4. 评估适配轴，匹配自身优势

可以在 DeepSeek 输入框中填写个人标签（如行业经验、技能特长、可用时间），生成"适配度雷达图"。然后验证可行性，若某赛道需求高、竞争低，但适配度＜ 60%，需谨慎选择；若适配度＞ 80%，即使竞争中等，也可通过差异化突围。最后让 DeepSeek 自动输入该赛道的内容形式建议（图文 / 视频）、更新频率、关键内容模块。

如果对生成的结果不满意，可以根据个人需求进一步优化和调整。比如我们觉得兴趣轴的数据不够准确，可以让 DeepSeek 再次检测数据结果，重新生成分析报告。三轴定位法不是一次性工程，而是动态调整的过程。通过 DeepSeek 的数据支撑，我们既能避免"盲目跟风"，又能抓住"错位竞争"的机会。职场人的核心优势在于行业积累，找到需求、竞争、适配的黄金交叉点，普通人也能在内容赛道中高效突围。

热点捕捉器：借助 DeepSeek 完成自媒体选题的关键词分析与趋势预测

在自媒体的世界里，选题是内容创作的核心，无论是想吸引更多读者，还是提升账号的影响力，我们都需要紧跟热点，找到受众感兴趣的话题。我们每天被信息洪流包围，却常常陷入选题焦虑：用户到底关心什么？哪些话题即将爆发？如何避免"自嗨式创作"？ DeepSeek 作为一款数据分析工具，能帮助我们快速从海量信息中提炼高潜力关键词，预测趋势方向，让选题从"碰运气"变成"有迹可循"。接下来，我们将通过简单的四个步骤，学会用数据思维武装自媒体创作。

1. 建立数据雷达网

登录 DeepSeek 网页，在输入框内输入基础关键词（建议 3 ～ 7 个领域词，如"职场效率 / 通勤学习 / 斜杠青年 / 健康饮食"）、设置时间范围（新手建议选择近 30 天 + 对比去年同期）、勾选数据源（优先选择头条 / 知乎 / 小红书等目标平台）。

假如我们想要生成热词榜单，可以在 DeepSeek 的输入框中输入"【领域词】职场效率 / 通勤学习 / 斜杠青年 / 健康饮食。【时间范围】近 30 天。【数据源】头条 / 知乎 / 小红书。请生成热词榜单，并预测未来趋势"（输入指令），点击发送按键（进行查询），随后 DeepSeek 快速生成一篇关于热词榜单和未来三个月趋势预测的文章（得到结果）。

2. 查看关键词热度数据

在 DeepSeek 生成的热词榜单中，重点关注"异常波动词（24 小时内涨幅 > 30% 的词）""长尾组合词（如'职场反 PUA 话术模板'比单纯'职场沟通'更具操作性）""跨平台差异词（抖音的'整顿职场'与得到 App 的'职业资本'反映不同受众需求）"。

假如我们想要查看每个热词的具体数据，可以在 DeepSeek 输入框中输入指令"请帮我展示榜单内每个热词的搜索量、讨论热度、相关话题等数据，并根据数据生成 ECharts 库里的堆叠柱状图"，点击发送按键（进行查询），随后 DeepSeek 生成的回答中包含了热词数据明细表和堆叠柱状图（得到结果）。如下面两张图所示。

热词数据明细表（虚拟数据）

排名	热词	搜索量（万）	讨论热度（万）	相关话题（TOP3）	平台分布占比
1	时间块管理法	58.2	12.6	# 番茄工作法进阶 / 职场反拖延	知乎 42% 头条 35% 其他 23%
2	听书通勤	49.7	9.8	# 碎片化学习 / 有声书单 2023	小红书 51% 头条 29% 知乎 20%
3	轻食预制菜	46.5	15.3	# 快手减脂餐 / 711 便利店轻食测评	小红书 68% 知乎 22% 其他 10%
4	数字游民攻略	43.1	7.2	# 远程办公签证 / 巴厘岛数字游民社区	知乎 55% 头条 30% 其他 15%
5	AI 周报生成器	40.8	11.5	#ChatGPT 职场 / 周报生成模板	头条 48% 知乎 37% 其他 15%
6	播客学英语	38.4	8.7	# 英语播客推荐 / 通勤听力训练法	小红书 60% 头条 25% 知乎 15%
7	一人食沙拉公式	35.9	6.9	# 懒人沙拉 / 711 便利店轻食搭配	小红书 82% 其他 18%
8	技能变现地图	33.6	5.3	# 副业刚需 / 小红书接单攻略	知乎 47% 小红书 38% 其他 15%
9	会议逃课技巧	30.2	4.1	# 无效会议自救 / 职场话术模板	知乎 76% 其他 24%
10	地铁读书挑战	27.8	3.8	# 通勤读书 / 口袋书推荐	小红书 89% 其他 11%

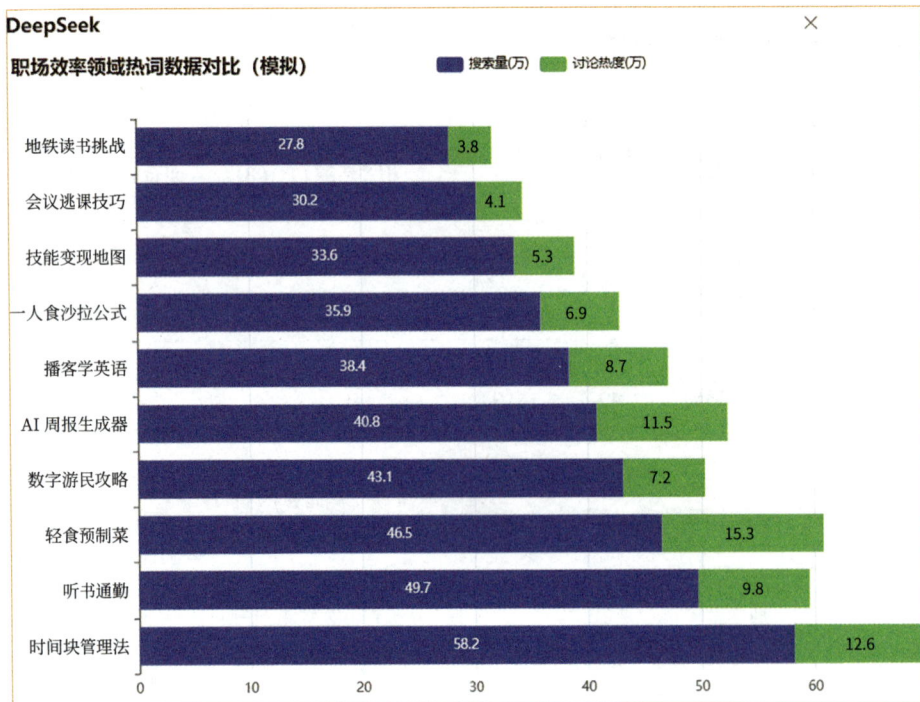

DeepSeek 会为我们展示该热词的搜索量、讨论热度、相关话题等数据。可以通过这些数据，判断该热词是否值得作为选题方向。

3. 启用趋势预测器

在关键词分析的基础上，我们可以输入"趋势预测"指令，建议设置预测周期为 7 天，调整置信区间至 75%（平衡准确性与灵活度），以"对比曲线图（直观显示不同关键词的发展态势）"形式导出报告。DeepSeek 可以根据历史数据和当前动态，预测该关键词未来的热度变化，这有助于我们提前布局内容，抢占先机。

继续在 DeepSeek 原对话输入框中输入指令"预测周期为 7 天，调整置信区间至 75%，以对比曲线图形式导出报告"，随后可以看到一张核心趋势对比曲线图（ECharts 代码）。

4. 选题落地

可以从这些热词当中挑选最适合的方向，作为内容创作的主题，还可以将 DeepSeek 分析结果导出为报告，并结合自己的创作计划，制定详细的内容发布策略。

如果在使用 DeepSeek 生成回答的过程中，对某一部分的回答不满意，比如我们觉得监测到的关键词数据量太少了，可以对 DeepSeek 输入指令"同义词合并、拆分复合词（如'职场时间管理'拆分为'职场效率'+'时间规划'分别检索）、捕捉相关衍生词"；比如我们觉得关键词过于宽泛了，可以给 DeepSeek 添加场景限定词（如把"副业"升级为"一线城市轻资产副业"）。

攻克选题：利用 DeepSeek
打造爆款元素排列组合公式

作为职场人，我们常面临这样的难题："想策划爆款内容，但灵感枯竭，选题重复""数据指标模糊，不知如何组合用户感兴趣的元素""时间精力有限，试错成本高昂"。DeepSeek 的智能分析能力，恰好能成为我们的"创作加速器"，它能通过解析千万级爆款内容数据，帮助我们快速定位高潜力元素组合模式，就像为每个选题装上"元素导航仪"，让爆款公式变得可量化、可复制。接下来，让我们借助 DeepSeek 高效完成工作。

1. 爆款元素排列组合

爆款元素排列组合公式是指将用户感兴趣的关键词、热点话题、情感表达等元素，通过科学的排列组合方式，生成具有吸引力的内容框架。通过这种方式，可以提高内容的点击率、阅读量和传播效果。为什么需要排列组合？单一的元素往往难以吸引用户，而通过排列组合，可以将多个用户感兴趣的元素整合在一起，形成更丰富、更有吸引力的内容。

2. 明确目标与受众

首先需要明确内容的目标和受众。例如，我们的目标是提升品牌曝光，还是吸引用户购买？我们的受众是年轻人、职场人士，还是特定行业的从业者？可以用一句话定义目标用户和核心需求，如"30 岁左右的一线城市白领，想通过碎片化时间提升竞争力，但缺乏系统性方法"。明确这些信息后，我们才能更有针对性地选择关键词和话题。

3. 使用 DeepSeek 挖掘关键词、热点、痛点

打开 DeepSeek 网页，输入我们的目标领域或行业，系统会自动生成相关高频关键词和热点话题（如"升级加薪""3 步搞定"），可以根据这些数据，筛选出与目标受众最相关的内容。点击 DeepSeek 输入框中的回形针图标上传用户留言 / 社媒反馈，自动抓取用户的真实痛点（如"加班多""学完就忘"）。

假如我们想要得到职场领域的高频关键词，可以在 DeepSeek 输入框中输入"请根据职场领域的相关数据和内容，总结出当前职场领域的高频关键词，包括但不限于职业发展、技能提升、工作模式等方面"（输入指令），点击发送按键（进行查询），随后得到 DeepSeek 生成的一个结果（得到回答）。如下图所示。

以下是根据当前职场领域的相关趋势和热点总结的高频关键词分类整理，供您参考：

🔴**职业发展类**
- 职业规划 / 路径设计
- 晋升通道 / 天花板
- 35 岁危机 / 年龄焦虑
- 跨界转型 / 第二曲线
- 副业刚需 / 斜杠青年
- 人才密度 / 竞争力模型

🔴**技能提升类**
- 数字化技能（数据分析 /Python/RPA）

- 软实力培养（沟通 / 情商 / 领导力）
- 跨领域能力（商业思维 / 产品意识）
- 证书经济（PMP/CFA/CPA）
- AI 工具应用（ChatGPT/Midjourney）
- 敏捷管理 /OKR 实践
- ⭕ **工作模式类**
- 远程办公 / 混合办公
- 灵活用工 / 零工经济
- 结果导向 /OKR 考核
- 异步协作 / 数字化协同
- 项目制管理 / 扁平化组织
- 四天工作制 / 弹性工时

继续在原对话框中输入指令"请分析当前职场领域的热点话题，并结合行业动态、搜索热度等，输出一份热点话题列表，重点关注未来办公趋势、AI 赋能职场、职场心理健康等方面"，让 DeepSeek 进行热点挖掘。如下图所示。

🔵 一、未来办公趋势（搜索热度同比上涨 68%）

热点话题	搜索热度指数	行业动态及典型案例	趋势解析
混合办公 3.0	⭐⭐⭐⭐⭐	微软《2024 工作趋势报告》显示 83% 企业采用"核心日到岗"模式，Zoom 推出智能工位管理系统	从远程协作转向「空间 + 数字化」深度融合，聚焦效率与员工归属感平衡
四天工作制	⭐⭐⭐⭐	英国试点企业生产率提升 40%，冰岛 90% 劳动者已实现	从实验性政策向规模化推广过渡，需配套结果导向考核机制
数字游民经济	⭐⭐⭐⭐⭐	全球数字游民数量突破 3500 万，葡萄牙 / 泰国推出专项签证	地理套利 + 技能变现催生新职场生态，企业面临跨国用工合规挑战
零工平台专业化	⭐⭐⭐	Upwork 自由职业者中 35% 为研究生学历，Fiverr 推出 AI 项目匹配系统	高端技能服务交易激增，平台算法重塑人才评估标准

二、AI 赋能职场（搜索量半年增长 320%）

热点话题	技术成熟度	典型应用场景	颠覆性影响
AI 助手深度嵌入	Gartner 膨胀期	微软 Copilot 渗透 Office 全系，Notion AI 文档生成使用量翻倍	工作流重构：从工具使用转向「人机对话」范式
智能招聘系统	成熟期	LinkedIn AI 简历匹配误差率降至 5%，HireVue 视频面试分析覆盖 70% 财富 500 强	人才评估从经验导向转为「技能图谱」量化
AI 驱动岗位变革	成长期	提示工程师（Prompt Engineer）年薪中位数达 25 万美元	催生「人机协作师」等新职业，传统岗位需叠加 AI 技能树
伦理与替代焦虑	争议期	世界经济论坛预测 2025 年 AI 替代 8500 万岗位，同时创造 9700 万新岗	企业急需建立 AI 技能再培训体系与转型缓冲机制

④. 根据竞品案例，生成爆款元素排列组合

在 DeepSeek 中输入竞品案例，按照"内核、需求、传播"三个维度，自动生成分析。如下图所示。

> **月薪 3k 到 3w，我靠这 5 个 Excel 神操作逆袭**
> 内核维度：技能可视化（37%）、成长路径（28%）
> 需求维度：办公效率（41%）、薪资提升（33%）
> 传播维度：数字对比（58%）、场景化指令（42%）

将筛选出的关键词和热点话题输入对话框中，设置组合筛选条件，比如"职场刚需度 ×0.6 + 内容差异度 ×0.3 + 情绪张力 ×0.1"，DeepSeek 会自动生成多种排列组合方案，我们可以根据这些方案，选择最适合的内容框架。

5. 优化与调整内容

如果对 DeepSeek 生成的多种排列组合方式不是特别满意，可以进一步优化和调整。比如我们觉得排列组合公式生成的内容不够吸引人，可以尝试调整关键词的组合方式，或者加入更多情感化、场景化的表达，同时参考 DeepSeek 提供的爆款文案，学习其中的成功经验；比如我们觉得生成的组合同质化严重，可以在元素库中加入"小众标签"（如地域、职业细分）+ 调整 DeepSeek 的"创意发散度"参数至 70% 以上；比如我们觉得用户对 DeepSeek 文案接受度低，可以用 DeepSeek 的"人性化润色"功能，添加口语化表达（如"你知道吗""举个栗子"）。

框架速成：巧用 DeepSeek 生成自媒体内容策划的结构，选题快人一步

在快节奏的工作环境中，我们常常想抓住热点却无从下手，想策划优质内容却卡在选题和框架设计上。DeepSeek 作为一款智能工具，能帮助我们快速生成内容策划的结构化方案，让选题和框架搭建的效率提升数倍。借助 DeepSeek 的智能优势，我们可以把选题策划时间从 3 小时压缩到 30 分钟。接下来，我们将从零开始，掌握如何用 DeepSeek 跳过灵感枯竭期，用科学的方法抢占先机，让自媒体创作不再成为工作党的负担。

1. 明确内容定位与目标

在使用 DeepSeek 之前，我们先确定本次创作的核心目标：是吸引粉丝增长、提升转化率，还是强化品牌认知？同时明确受众画像（如职场新人、行业专家、宝妈群体等）。这一步是生成精准框架的基础。

2. 使用 DeepSeek 挖掘选题与关键词

打开 DeepSeek 网页，在输入框中输入我们的目标领域或行业关键词（如"职场干货""科技测评"），系统会基于实时数据推荐近期高热度、低竞争度的选题方向。可以根据这些数据筛选出与目标受众最相关的 3～5 个潜力选题，作为备选方案。

假如我们想要关于科技测评领域的选题方案，可以在 DeepSeek 的输入框中输入"请基于科技趋势和内容竞争度推荐【科技测评】领域高热度、低竞争度的选题方向"（输入指令），点击发送按键（进行查询），随后 DeepSeek 会自动生成一个回答（得到结果）。如下图所示。

🔥 **低竞争爆点选题**

1. AI 硬件加速设备测评
- 潜力点：AI 加速卡（非 NVIDIA 系）、边缘计算设备、开源 AI 芯片开发板
- 案例：Groq LPU 推理芯片实测、Raspberry Pi AI 套件性能对比
- 数据支撑：Google Trends 显示"AI accelerator"搜索量半年增长 170%，中文内容稀缺

2. 生成式 AI 硬件载体测评
- 潜力点：AI 原生设备（如 Rabbit R1）、AI 定制化 PC、本地化大模型运行设备
- 差异化角度：用 Intel NUC 跑 Stable Diffusion vs 云端服务成本对比

3. 可持续科技产品评测
- 热点事件：欧盟新电池法规生效（2024.1）、碳中和电子品牌涌现
- 选题示例：
  - √ 太阳能充电键盘真实续航测试
  - √ Fairphone 模块化手机拆机成本分析
  - √ 竹纤维笔记本 vs 传统电子产品生命周期对比

🌐 **区域化红利方向**

1. 新兴市场特供科技产品
- 目标地区：印度 / 东南亚 / 中东爆款（如传音折叠屏手机、沙漠环境专用无人机）
- 内容策略：跨境电商平台（速卖通、Temu）新品开箱 + 本土化场景测试

2. 中国产业链"技术平权"产品

· 现象级产品：国产 4K OLED 屏横向测评、长江存储颗粒 SSD 对比评测

· 深度方向：用纯国产组件搭建万元级 AI 训练机

DeepSeek 不仅生成了"AI 硬件加速设备测评""生成式 AI 硬件载体测评""可持续科技产品评测"三个低竞争爆点选题，还提供了区域化红利方向，如"新兴市场特供科技产品"和"中国产业链'技术平权'产品"。

3. 一键生成结构化框架

在 DeepSeek 的输入框中，将筛选出来的选题和关键词输入进去，并下达"生成框架"指令。DeepSeek 会提供多种框架模板，例如"问题解决型、对比测评型、热点解读型"。我们可以根据内容类型选择最适配的框架，或融合多个模板优化逻辑链。

可以在原对话输入框中继续输入指令"请根据【AI 硬件加速设备测评】选题生成内容框架，要求参考'问题解决型、对比测评型、热点解读型'等多个模板优化逻辑链"，最后得到 DeepSeek 生成的复合型内容框架。

4. 填充与优化内容细节

在 DeepSeek 生成的框架基础上，可以补充具体案例、数据、金句等细节，进行填充和优化。例如，在"痛点分析"部分插入用户调研数据，在"案例验证"环节引用行业标杆故事；可以将验证有效的框架保存为模板（如"职场干货—问题解决型"），下次同类内容可直接调用，仅需替换案例和关键词，实现"10 分钟产出一条优质内容"。如果我们觉得最后生成的内容框架还是差了一些，不够吸引人，不能直接使用，可以给 DeepSeek 输入"智能润色"，重新优化标题吸引力和段落衔接，还可以尝试调整选题的组合方式，或者加入更多情感化、场景化的表达。

利用 DeepSeek 创作系列化内容，形成个人记忆点

作品没有辨识度，等于无用功。在内容创作中，如何让我们的作品在众多信息中脱颖而出，形成独特的记忆点？答案或许在"系列化内容"——通过持续输出主题统一、风格鲜明的系列作品，可以强化个人品牌、提高用户黏性、建立长期影响力。但我们往往面临时间有限、灵感不足的困扰，好在 DeepSeek 能够帮助我们高效地策划和创作系列化内容。

接下来，我们将学习如何利用 DeepSeek 掌握系列化内容创作的技巧，既能节省精力，又能形成独特的个人标签。

1. 用 DeepSeek 定位系列核心主题

首先需要找到一个可持续开发且具有个人特色的主题，可以在 DeepSeek 输入行业关键词（如"职场技能""数据分析"），查看搜索量高但竞争度适中的长尾词，结合自身优势筛选主题。例如，若我们擅长视觉化表达，可选择"图解××行业知识"系列。用 DeepSeek 的"趋势预测"验证主题的长期潜力，避免选择短期热点。

假如我们想要结合"美妆"主题找到差异化选题方向，可以在 DeepSeek 的输入框中输入"我现在是【美妆博主】，擅长【仿妆】，想围绕【美妆】领域创作系列内容，请推荐 5 个差异化选题方向"（输入指令），点击发送按键（进行查询），随后 DeepSeek 将结合文化、艺术、实用性等角度生成一个回答（得出结果），如"跨文化融合仿妆""虚拟次元壁突破仿妆""时空胶囊妆容复刻"。DeepSeek 生成的结果不仅打破地域界限，将不同国家 / 文化的传统妆容与现代结合，还突破次元壁聚焦游戏、动漫、AI 生成角色等虚拟形象。如下图所示。

基于你的美妆博主定位和仿妆专长，以下是 5 个差异化选题方向，结合文化、艺术、实用性等角度，既能突出创意又能形成系列化内容：

1.【跨文化融合仿妆】

方向： 打破地域界限，将不同国家 / 文化的传统妆容与现代技法结合，赋予仿妆文化深度。

系列案例：

- 「敦煌飞天妆 × 欧美截断式眼影」：用现代截断式画法还原壁画中的灵动眼妆
- 「日本艺伎妆改良日常版」：保留白面红唇特色，调整色调适配通勤场景
- 「非洲部落图腾脸绘 × 高光修容」：用修容产品模仿部落图腾的立体感

差异化点： 科普文化背景 + 技法创新，吸引文化爱好者和猎奇观众

2.【虚拟次元壁突破仿妆】

方向： 聚焦游戏 / 动漫 /AI 生成角色等虚拟形象，用现实彩妆实现"破次元"效果。

系列案例：

- 「AI 绘图仿妆挑战」：根据粉丝投稿的 AI 生成美人图还原妆容
- 「赛博朋克游戏女主仿妆」：荧光色眼线 + 机械感面部贴片 DIY 教程
- 「迪士尼反派 3D 化」：用阴影塑造乌苏拉、库伊拉等角色的立体骨骼结构

差异化点： 结合科技热点，吸引 Z 世代和二次元群体

3.【时空胶囊妆容复刻】

方向： 纵向挖掘历史中的标志性妆容，用现代产品还原并解读审美变迁。

系列案例：

- 「1920s 芝加哥 flapper 少女 ×2024 年纯欲风对比」
- 「唐代斜红妆科学复原」：考证史料 + 用腮红膏模拟胭脂上脸效果
- 「千禧年 Y2K 辣妹妆重生」：蓝眼影 + 唇线笔的 2024 改良方案

根据 DeepSeek 生成的仿妆方向，均可延伸 6 ～ 10 期内容，建议优先测试数据反馈，聚焦 2 ～ 3 个核心系列深耕。

2. 生成系列化内容框架

可以在 DeepSeek 中输入核心主题关键词，让 DeepSeek 对"系列化内容生成"

拆分知识模块，例如"Python 数据分析"可拆分为数据清洗、可视化、实战案例等子主题；规划递进逻辑，按"基础—进阶—应用"或"痛点—解法—案例"设计内容顺序；设置记忆锚点，在每期内容中固定使用特定元素（如统一封面风格、固定开场金句）。

假如我们需要以"项目管理中的反直觉思维"为主题，生成系列化内容框架，在 DeepSeek 的输入框中输入"以【项目管理中的反直觉思维】为主题，生成 3 个子系列、每个系列至少包含 1 期内容框架，要求每期用真实职场冲突案例引入。注意递进逻辑、记忆点埋设"（输入指令），点击发送按键（进行查询），随后 DeepSeek 会快速生成一个系列化内容框架（得到结果）。如下图所示。

🐋 **项目管理中的反直觉思维训练体系**

系列一：范围控制的逆向博弈（需求篇）

EP1：需求黑洞现象

- 记忆锚点："客户说'简单加个功能'"
- 真实案例：电商大促系统新增直播模块导致交付延期
- 反直觉点：主动暴露技术负债反而赢得信任

EP2：时间沼泽陷阱

- 记忆锚点："再给我三天就能完美"
- 真实案例：App 登录模块重构引发的连环延期
- 反直觉点：预设不完美交付路线图

系列二：冲突转化的镜像策略（沟通篇）

EP：情绪龙卷风

- 记忆锚点："这个需求根本不合理！"
- 真实案例：市场部与研发部的年度排期大战
- 反直觉点：建立冲突能量转化模型

系列三：风险预埋的负空间艺术（风控篇）

EP1：完美计划悖论

- 记忆锚点："我们的计划万无一失"
- 真实案例：跨国 ERP 系统迁移的连环爆雷

> ・反直觉点：故意留白的风险接种法
>
> **EP2：框架设计逻辑**
> ・**认知破壁**：需求控制→情绪管理→系统风控的认知升级路径
> ・**记忆强化**：每期设置具象化场景锚点 + 行业黑话转化
> ・**冲突递进**：单个冲突→部门冲突→战略冲突的案例复杂度演进

3. 持续优化与差异化

利用 DeepSeek 的"竞品分析"和"用户评论挖掘"功能，每周扫描同类内容，找到未被满足的用户需求（如"案例太少""缺乏步骤截图"），在系列中针对性加入差异化内容（如"附赠工具模板""真人出镜演示"）。

4. 统一视觉与语言风格

可以通过给 DeepSeek 输入指令"爆款文案分析"，提取高频关键词（如"3步搞定""避坑指南"），形成系列标题模板，生成符合主题的视觉建议（如科技类用蓝紫色系，职场类用简约线条图标）。如果我们在使用 DeepSeek 过程中遇到问题，比如系列选题做到一半灵感枯竭了，可以使用 DeepSeek 的"关联话题推荐"功能，例如输入"时间管理"，获取"精力分配""工具测评"等衍生方向。还可以在原有系列中开设"读者问答特辑"，用 UGC 内容补充选题；如果我们觉得 DeepSeek 生出的内容风格不统一、记忆点模糊，可以建立系列视觉素材库（封面模板 / 配色方案 / 字体组合），通过 DeepSeek 的"智能排版"一键生成。

第六章

用 DeepSeek 赋能自媒体
文案，创作与优化双提升

文体变形：运用 DeepSeek 生成不同类型的自媒体文案

无论是撰写产品推广文案、职场干货分享，还是打造个人 IP 内容，我们都需要针对不同平台（如小红书、微信公众号、抖音）调整语言风格。DeepSeek 作为一款智能 AI 工具，能帮我们快速完成"文体变形"——即根据不同的场景和需求，将同一主题的问题以不同的风格和形式呈现出来。我们可以将一篇正式的技术报告转化为一篇通俗易懂的科普文章，或者将一段枯燥的数据分析转化为吸引人的社交媒体帖子。

接下来，我们将掌握如何用最少的时间，输出最匹配的自媒体内容。

1. 明确文案需求

在使用 DeepSeek 之前，首先确定文案的核心目的：第一，文案的类型是什么？是产品推广、知识科普，还是故事分享？第二，发布平台是什么？如果发布在公众号上，我们需要撰写深度长文；如果发布在抖音上，则需要短句 + 互动提问。第三，受众群体是什么？职场新人关注成长技巧，宝妈更在意实用价值。

2. 输入关键信息

向 DeepSeek 提供"核心主题、关键词、附加要求"等基础信息，例如"【核心主题】时间管理技巧。【关键词】番茄工作法、碎片化时间。【附加要求】限制在五百字以内，禁用'最好、最佳'等极限词"。

3. 选择模板或风格

DeepSeek 提供了多种文案类型供我们选择，如正式报告、社交媒体帖子、广告文案等，我们根据个人需求选择合适的类型。可以直接选择模板，例如在

DeepSeek 输入框中输入"产品测评模板"，或者自定义指令（更灵活），如"用小红书风格写一段种草文案，加入 3 个表情符号，结尾带提问互动"。

假如我们需要写关于时间管理的推文，在 DeepSeek 的输入框中输入"请写一篇关于时间管理的推文，针对大学生、职场新人的群体目标，字数一千字左右，发布在微信公众号上。要求：语言简洁、通俗易懂、理论知识与案例相结合"（输入指令），点击发送按键（进行查询），随后 DeepSeek 会自动生成一篇文章（得出结果）。根据 DeepSeek 生成的文案内容，可以寻找合适的图片进行配图，一篇微信公众号推文就写好了。如下图所示。

标题：你还在用"没时间"当借口？这 3 招让你每天多出 4 小时 | 时间管理秘籍

正文：

凌晨 2 点的小王瘫在床上刷手机，备忘录里躺着 6 项未完成的待办事项。这个场景是否似曾相识？我们总在"赶 ddl—焦虑—报复性熬夜"的怪圈里循环，直到看到朋友圈里有人考证 / 升职 / 创业三不误，才惊觉：时间对每个人都是公平的，但管理方式正在拉开人生差距。

一、99% 的人都在踩的 3 个时间陷阱

1. 多线程工作陷阱

（手机震动声效）正在写报告的你突然收到微信，顺手点开朋友圈，半小时后才发现文档还停留在第一段。神经科学证实：大脑切换任务需要 15 分钟重启专注力，看似"同时处理多件事"，实则效率暴跌 40%。

案例：实习生小林用"番茄工作法"后，完成 PPT 的时间从 6 小时压缩到 2.5 小时。秘诀就是把手机调成飞行模式，每 25 分钟专注一个任务。

2. 完美主义黑洞

"等我有整块时间再开始"，这句话毁掉了多少人的周末计划？认知心理学指出：等待"完美时刻"本质是逃避心理，完成永远比完美更重要。

案例：大学生小美用"5 分钟启动法"备战四六级：哪怕只能学 5 分钟也立即行动，结果连续 21 天保持每日 3 小时高效学习。

3. 虚假忙碌陷阱

每天处理 200 条消息≠创造价值。用四象限法则扫描你的待办清单，你会发现：60%

的"紧急事务"其实根本不重要。

二、职场人 & 学生必学的 3 大黄金法则

▶ 法则 1：要事第一（史蒂芬·柯维）

每天早上面向窗户做这件事：

1. 写下当天必须完成的 3 只"青蛙"（核心任务）
2. 预估每个任务所需"番茄钟"（25 分钟 / 个）
3. 用红色荧光笔标出优先级

案例：备战考研的阿杰发现，把最难的专业课放在早晨 9—11 点（大脑黄金时段），效率比熬夜复习高 3 倍。

▶ 法则 2：碎片时间折叠术

通勤 / 排队时的 15 分钟能做什么？

√ 听 1 篇 TED 演讲（1.25 倍速）

√ 用 Xmind 梳理知识框架

√ 完成 3 个单词 App 的闯关任务

工具包：

- **录音笔记**：讯飞语记
- **碎片阅读**：得到每日听书
- **快速复盘**：滴答清单"2 分钟原则"

▶ 法则 3：精力存款法

时间管理本质是精力管理，试试"90 分钟工作法"：

工作 90 分钟→休息 20 分钟（远离屏幕）

比连续工作 3 小时多产出 57% 的有效成果

三、真实故事：她用这些方法逆袭成"时间富翁"

24 岁的 Linda，白天是外企管培生，晚上经营万粉小红书账号。她的秘密武器是：

6:00—7:00 晨间仪式（瑜伽 + 听行业报告）

12:30—13:00 用"康奈尔笔记法"整理上午工作

19:00—21:00 小红书内容创作（提前做好选题库）

22:00 手机开启灰度模式，进行明日规划

"关键不是挤时间，而是让每个时段都产生复利价值。"她现在每天比同事多出 3 小时自我提升时间。

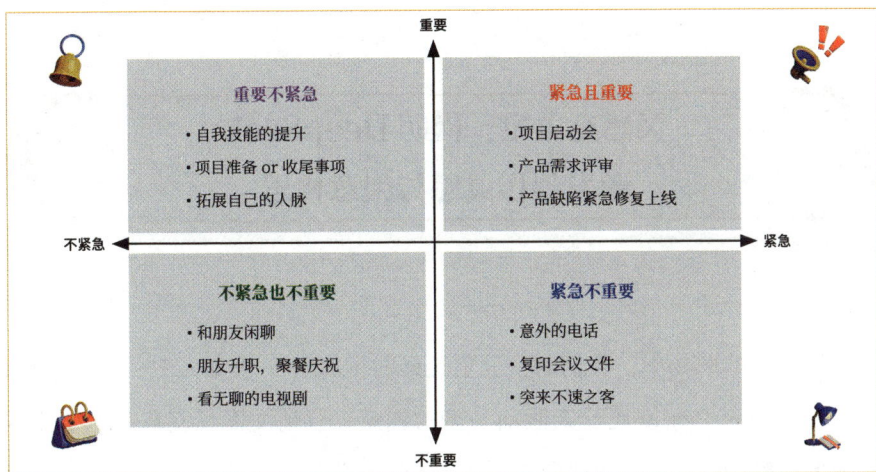

4. 调整风格和语气

　　如果我们需要进一步定制文案，可以根据初稿优化细节，调整文案的风格和语气。例如，选择"轻松幽默"或"专业严谨"的风格，将"用户应当"调整为"我们可以试试"，补充行业报告结论，增强文章可靠性，检查逻辑，确保分点论述时层次清晰。

5. 润色与发布

　　可以使用 DeepSeek 修改某些句子或添加个性化内容，使其更符合我们的预期，如将"由于时间有限，我们不得不加快进度"改为"时间紧迫，加速推进"。如果 DeepSeek 生成的文案不够贴合需求，比如文案风格过于专业，语气过于严肃，不适合用来向大众科普知识点，可以尝试更具体地输入关键词，或者选择更贴近需求的文案类型。

　　比如我们觉得生成的文案缺乏个性化，可以手动添加一些个性化的内容，例如个人经历或公司案例，让文案更具独特性，如"以第一人称分享我使用番茄工作法踩过的坑"；比如我们觉得文案平台适配度低（如抖音文案不够口语化），可以添加示例文案供 DeepSeek 学习，如"参考这条抖音热门文案的节奏：短句 + 疑问句 + 表情符号"。通过 DeepSeek，我们无须从零开始摸索不同文体，只需明确目标、输入需求、灵活调整指令，即可高效产出适配多平台的内容。

灵感充电宝：借助 DeepSeek 激发创作灵感与创意构思

在快节奏的职场中，我们时常面临这样的困境——策划方案需要新思路却无从下手，汇报 PPT 缺乏让人眼前一亮的创意，营销文案反复修改仍觉平淡。我们想要在繁忙的日程中快速产出创意内容，但总是"大脑卡壳"。DeepSeek 就像一台智能灵感发电机，通过 AI 对话挖掘我们潜在的创意需求，提供跨领域的思维碰撞。它不替代我们的创造力，而是通过"关键词联想—发散引导—逻辑验证"的三级助推模式，帮助我们在 30 分钟内从"毫无头绪"进阶到"灵感清单可视化"。

接下来，我们将学会如何高效利用 DeepSeek，让创作灵感源源不断。

1. 明确需求类型

在使用 DeepSeek 之前，先用一分钟的时间自我提问，锁定需要灵感的领域，具体到场景、痛点、风格等方面。比如我们是写朋友圈人设文案、策划活动方案，还是设计产品 Slogan？是文案中缺乏新颖观点、找不到差异化表达，还是需要数据 / 案例支撑？明确需求类型后，我们才能更好地对 DeepSeek 进行针对性提问。

2. 输入关键词与背景信息

我们需要向 DeepSeek 提供基础信息，比如背景描述（如"这是一篇面向职场新人的效率提升指南"）、核心关键词（如"职场沟通"）、关联词拓展（如"向上管理""跨部门协作""高情商话术"）、排除方向（如"不需要理论模型，侧重实战案例"）。

3. 获取灵感火花

可以对 DeepSeek 输入特定指令，然后通过"发散—聚焦"循环筛选回答中的价值点。比如，输入核心需求，要求 DeepSeek 为我们生成 20+ 关联词。

假如我们想要以"职场沟通"作为朋友圈文案选题方向，可以在 DeepSeek 输入框中输入"请围绕'职场沟通'生成 5 个朋友圈文案选题，要求结合热点话题"（输入指令），点击发送按键（进行查询），随后 DeepSeek 会生成一个回答（得到结果）。如下图所示。

结合近期职场热点和社交平台热议话题，为您策划 5 个职场沟通朋友圈选题，既符合新媒体传播规律，又具备实用价值：

1.《繁花》宝总饭局话术拆解

—— 当代职场人的"高情商拒绝"模板

（关联热播剧《繁花》中经典商务谈判场景）

2."ChatGPT 教我回领导消息"

——AI 时代必备的向上管理话术公式

（结合 AI 工具热潮与 00 后整顿职场现象）

3. 年会酒桌生存指南

—— 从董明珠怒斥孟羽童看饭局边界感

（关联企业家近期争议言论）

4."反向画饼"话术实操课

—— 面对领导 PUA 的 5 种反套路沟通法

（针对近期热议的职场 PUA 现象）

5. 跨部门甩锅防御手册

—— 用互联网黑话优雅推卸责任

（结合大厂裁员潮中的部门博弈现状）

DeepSeek 结合近期职场热点和社交平台热议话题，策划了 5 个职场沟通朋友圈文案选题，如关联热播剧《繁花》中经典商务谈判场景的"《繁花》宝总饭局话术拆解——当代职场人的'高情商拒绝'模板"，结合 AI 工具热潮与 00 后整顿职场现象的"'ChatGPT 教我回复领导消息'——AI 时代必备的向上管理话术公式"。

我们还可以对 DeepSeek 下达更精准的指令,比如"用'项目管理'类比'家庭旅行规划',列出 3 个反常识观点,语气轻松有趣",得到的结果如下图所示。

【家庭旅行的叛逆管理学】

你以为全家出游是温馨野餐?不!这是微型企业级灾难演练!

1."家庭变更控制委员会"比公司更严格

"爸爸说要改路线?请先提交《沙滩改雪山可行性分析》给奶奶审批!"

——项目经理最怕的不是甲方,是家里突然想泡温泉的 6 岁人类幼崽。

2.隐藏的风险管理计划在妈妈包里

你以为防晒霜是最大危机?资深 PM 妈妈早把《暴雨逃生动线》《熊孩子防丢 GPS 方案》缝进了装零食的侧兜。

3.项目里程碑庆祝方式:厕所革命

当全家在景区成功找到干净厕所,这堪比上市敲钟的时刻值得开香槟(如果没被安检没收的话)。

💡旅行真相:所谓"说走就走的旅行",不过是老父亲偷偷做了 58 版甘特图却假装潇洒罢了 🚗 🕯️

---

4. 筛选与优化

可以根据原创性(是否老生常谈)、实用性(能够立刻应用)、传播力(是否引发互动欲)三个方面,对 DeepSeek 生成的文案进行筛选,然后对选中的文案添加具体案例或数据支撑,调整语言让文案内容更符合目标受众的语言习惯。还可以采取"交叉组合"的方式,将 A 选题的"数据支撑"与 B 选题的"悬念标题"结合,如"实测有效 | 用管理 KPI 的方法,我治好了老公的拖延症(附模板)",让生成的文案变得更加有创意、更吸引人点击阅读。可以输入指令,借助 DeepSeek 进行逻辑检验,如"请用 RIDE 模型评估以下方案的吸引力:用户可用运动积分竞拍同事的健身成就,成交后双方获得加倍积分"。结果如下图所示。

Risk（风险）

- 积分通胀风险：加倍机制可能导致积分快速贬值，降低长期激励效果
- 虚假成就交易：用户可能伪造健身数据换取积分，需配合运动手环 / 算法核验
- 社交压力：成就竞拍可能引发同事间攀比，需设置匿名模式与心理测评功能
- 法律风险：积分若可兑换实物需符合虚拟货币监管政策

Innovation（创新性）

- 首创"健身 NFT"概念：将运动成就转化为可交易的数字资产
- 双重激励模型：通过积分翻倍同时激活供给端（成就发布者）和需求端（竞拍者）
- 社交裂变设计：融入熟人社交 + 竞拍博弈机制，突破传统健身 App 单机模式
- 元宇宙雏形：为运动数据赋予金融属性，契合 Web3.0 发展趋势

Demand（需求匹配度）

- 解决健身孤独痛点：87% 用户调研显示期待社交监督（数据来源：2023 运动白皮书）
- 满足成就炫耀心理：契合 Z 世代"晒图—获赞—变现"的社交货币需求
- 企业健康管理场景：适合植入员工健康计划，增强组织凝聚力
- 创造新型社交货币：运动积分成为职场社交的破冰媒介

Execution（执行可行性）

- 技术基础：区块链技术可保证成交确权与交易溯源（如 Hyperledger 框架）
- 风控方案：采用动态积分通胀算法，设置个人周交易上限
- 合规路径：与银联合作开发封闭积分体系，规避金融化风险
- 推广策略：首批试点选择互联网大厂，天然具备年轻健身群体

▲红色：风险警示 | ●绿色：创新亮点 | ■蓝色：需求验证 | ●紫色：实施路径

如果对 DeepSeek 生成的文案不满意，比如我们觉得文案内容过于发散，难以聚焦，可以在输入指令中添加限制条件，如"生成 3 个与'职场新人'相关的效率提升方案，每个方案不超过 100 字"；比如我们觉得 DeepSeek 提供的灵感缺乏深度或实用性，可以给 DeepSeek 提供更多背景信息或示例，如"参考以下案例生成内容：某公司通过时间管理工具提升团队效率 20%"。借助 DeepSeek，我们无须等待"灵光乍现"，而是主动创造灵感迸发的条件。

借助 DeepSeek 优化文案的可读性与流畅性，解决文字晦涩难题

精心撰写的方案被客户反馈"难理解"，邮件内容被同事指出"逻辑混乱"，有时候我们会发现自己的文字可能过于晦涩或冗长，严重影响了信息的传达效果。这时，我们可以借助 DeepSeek 这样的 AI 工具，帮助优化文案的可读性与流畅性，让文字变得更加通俗易懂。接下来，我们将一起学习如何借助 DeepSeek 快速优化文案，提升我们的写作效率与质量，解决生活和工作中的所有难题。

1. 上传或输入待优化文案

先登录 DeepSeek 网页，我们可以直接复制粘贴文字（如邮件草稿、方案段落）到输入框中，或者点击输入框中的回形针图标，选择上传待优化文字（DeepSeek 支持 Word/PDF 文件）。无论是长篇文章还是短句，DeepSeek 都能提供针对性的分析（建议单次处理不超过 2000 字，避免内容过长影响分析效果）。

2. 设置优化目标

接下来根据个人需求选择优化目标，例如可以选择"简化复杂长句""替换专业术语为通俗表述""调整段落逻辑顺序""删除重复内容"，以满足不同场景的需求。

假如我们需要优化客户邮件，可以先上传这份邮件，然后在 DeepSeek 的输入框中输入"请优化以下邮件内容，要求：语气更友好，明确时间节点，减少'公文感'"（输入指令），点击发送按键（进行查询），随后 DeepSeek 会快速生成一份优化后的客户邮件（得到结果）。如下图所示。

【优化版邮件】

主题：关于 2024 年度预算提交的温馨提醒及流程说明

各位同事好！

2024 年度预算编制工作即将启动，为保障工作顺利推进，辛苦大家配合完成以下安排：

1．提交初稿时间

请于 11 月 30 日（周四）下午 5 点前，将部门预算初稿发送至财务部邮箱 finance@company.com。我们理解年底工作繁忙，如遇特殊情况请随时联系王芳（分机123），我们会尽力协调帮助。

2．集中审议安排

12 月 5 日～8 日期间，我们将组织分批次审议（具体时间表附后）。各团队审议前会收到提醒通知，请提前预留 1 小时左右时间。

3．终版确认节点

修订后的终版预算请在 12 月 15 日前完成系统录入，我们会在 12 月 18 日统一发送确认函。

特别说明：为方便大家准备，财务部整理了往年的优秀模板和填报指南（详见附件），如有疑问，欢迎随时钉钉联系预算小组。

感谢各位伙伴的配合！期待与大家一起圆满完成今年的预算工作，为新年度的顺利开展打好基础:）

祝工作顺心！

财务部预算组

2023 年 11 月 25 日

DeepSeek 对原邮件内容进行了语气优化、时间节点优化和去公文化处理，例如开篇使用"各位同事好！"代替"致××负责人"，加入"我们理解年底繁忙"等共情表述，结尾使用表情符号和"祝工作顺心"等温暖措辞，使用"温馨提醒""特别说明"等柔和过渡语，分步骤用数字序号明确三个阶段，去除"根据××"等公文开头。

3. 生成优化建议

输入指令后，DeepSeek 会快速分析我们复制或上传的文件，生成一份详细的报告，报告中会标注出哪些句子过于复杂、哪些词汇可能难以理解，以及哪些部分需要调整逻辑结构。

假如我们想要优化花店的海报文案，可以在 DeepSeek 的输入框中输入"请对海报文案内容进行优化，要求具备传播力，并且以报告的形式输出"（输入指令），点击发送按键（进行查询），随后 DeepSeek 会自动生成一个优化后的海报文案（得出结果）如下图所示。

一、传播策略核心分析

目标人群： 情感表达需求旺盛的年轻群体（情侣 / 闺蜜）、家庭用户、企业节日采购

传播痛点：

1. 圣诞礼品同质化严重，需强化"情感仪式感"差异化价值

2. 节日决策周期短，需制造紧迫感刺激即时消费

3. 社交媒体传播依赖视觉冲击与话题性

优化方向：

☑ **符号化记忆点：** 将产品与圣诞经典符号（铃铛 / 圣诞袜 / 麋鹿）强绑定

☑ **场景化营销：** 通过具象使用场景唤醒消费需求

☑ **社交货币属性：** 设计拍照打卡点、赠品增强传播裂变

二、优化版海报文案（分层触达逻辑）

🔔 **主标题（吸引停留）**

「12.25 圣诞老人已签收你的心意清单 ✨」

——用"签收"构建神秘感，触发好奇点击

❄ **副标题（强化价值）**

「限定发售 ｜ 全城 TOP1 爆款花束 × 圣诞魔法工厂」

▷ 收藏级设计：7 国进口花材 × 可保存 30 天的永生工艺

▷ 隐藏玩法：扫描花束丝带解锁 AR 圣诞贺卡

🎁 产品矩阵（场景化分类）

产品线	核心卖点	目标人群	行动指令
🌲 驯鹿的晚安故事	会发光的童话风花篮 + 定制睡前故事卡	有孩家庭 / 闺蜜互礼	"给宝宝一夜好梦"
🔥 壁炉边的告白	红玫瑰永生花 + 心跳感应灯	求婚 / 周年纪念情侣	"让她听见你的心跳"
📮 写给未来的信	鲜花礼盒 + 慢递服务（明年圣诞送达）	异地恋 / 注重仪式感用户	"让时间发酵浪漫"

  DeepSeek 分析了海报文案的传播策略核心，如"目标人群""传播痛点"，还提出了"优化方向"，例如"'符号化记忆点'，将产品与圣诞经典符号（铃铛 / 圣诞袜 / 麋鹿）强绑定""'场景化营销'，通过具象使用场景唤醒消费需求"。利用分层触达逻辑，DeepSeek 生成优化版的海报文案，从主标题到副标题，再到产品矩阵，都进行充分解释，极具实操性。

4. 调整并导出

  根据 DeepSeek 生成的修改意见，我们可以选择让 DeepSeek 自动"一键修改"，也可以手动修改部分建议。完成修改后，再次使用 DeepSeek 进行检查，确保文案已经达到预期的优化效果。如果仍然有需要改进的地方，可以重复上述步骤，直到文案完全符合要求。最后确定无误，将修改后的版本导出为 Word 或直接复制到剪贴板。如果对 DeepSeek 的优化结果有任何不满意的地方，比如我们觉得优化后的文案失去专业性，可以输入"保留 10% 专业术语"，或者上传专业词本，手动锁定关键术语；比如我们对 DeepSeek 建议的修改逻辑有疑问，可以询问 DeepSeek 修改的理由，并自行判断是否需要修改。

平台资源库：借用 DeepSeek 总结 不同平台的文案风格特点与语言要求

当今数字化时代，文案写作已经成为我们工作中不可或缺的一部分。无论是撰写社交媒体内容、制作广告文案，还是撰写产品描述，我们都需要根据不同平台的特点调整语言风格和表达方式。面对众多平台的不同要求，我们可能会感到无从下手，怎么才能把一条朋友圈文案同步到小红书、抖音、公众号甚至官网？借助 DeepSeek 这样的智能工具，我们可以高效地总结各平台的文案风格特点与语言要求，从而提升工作效率和文案质量。

接下来，我们将借助 DeepSeek 的智能分析能力，快速提炼各平台文案规律，提升内容转化效率。

1. 明确目标平台与受众

首先需要明确文案的目标平台和目标受众。例如，微博的受众可能更年轻，喜欢轻松幽默的内容；微信公众号的受众可能更注重深度和实用性；抖音偏爱短句 + 热梗；官网偏正式术语；B 站长视频解说需详细说明。

2. 收集目标平台的文案样本，分析核心特征

点开 DeepSeek 网页，输入需要分析的平台（如抖音、微信公众号），上传该平台的高互动文案（如点赞 / 转发排行榜前 10 的内容），或直接输入竞品账号链接让 DeepSeek 自动抓取。可以在 DeepSeek 的输入框中输入指令"风格分析"，DeepSeek 会统计高频词汇、句式结构（如疑问句占比）、表情符号使用频率等。然后继续输入指令"情感倾向报告"，了解平台用户对积极 / 消极情绪的反应差异（例如小红书偏好"治愈系"表达）。最后输入指令"语言规范建议"，DeepSeek 会给出建议，如抖音标题建议控制在 20 字以内，知乎开头须用"总分总"结构。

假如我们需要分析小红书、知乎、抖音的文案风格特点和语言要求，可以先上传该平台的高互动文案，然后在 DeepSeek 的输入框中输入"请参考小红书、知乎、抖音的头部账号作品，总结出这三个平台的文案风格特点和语言要求，并以报告的形式输出"（输入指令），点击发送按键（进行查询），随后 DeepSeek 会生成一个总结报告（得出结果）。如下图所示（由于图片较长，仅截取部分）。

❤ 三大平台头部账号文案风格与语言特色分析报告

一、平台定位与用户画像

1. 小红书

- 用户画像：以 18—35 岁女性为主，追求生活品质、美妆、时尚、母婴、家居等领域的年轻群体。
- 核心定位：生活方式分享社区，内容围绕"种草""测评""经验分享"展开，注重实用性与情感共鸣。

2. 知乎

- 用户画像：25—45 岁高学历人群，关注知识、观点、社会热点及专业领域深度内容。
- 核心定位：知识问答社区，强调逻辑性、专业性和思辨性，内容多为长文或深度解析。

3. 抖音

- 用户画像：全年龄段覆盖，以 18—30 岁年轻用户为主，偏好娱乐化、碎片化、强视觉冲击的内容。
- 核心定位：短视频娱乐平台，内容需快速抓人眼球，注重节奏感、趣味性和传播性。

二、文案风格对比

1. 小红书

- 关键词：感性化、场景化、互动性
  - 风格特点：

    生活化叙事：通过个人经历或体验展开，如"今天试了××，真的绝了！"

    情感共鸣：强调用户痛点与需求，如"干皮姐妹一定要看！救了我一整个冬天！"

    标签化表达：高频使用"# 话题标签"分类内容，如 #OOTD、# 早 C 晚 A、# 沉浸式护肤。

  - 语言特色：

    多用表情符号（✨ 💄 👀）、短句分段、口语化表达。

    善用夸张修辞，如"天花板""封神""原地封心锁爱"。

2. 知乎

- 关键词：理性化、结构化、权威感
  - 风格特点：

    逻辑严谨： 内容分点论述，如"以下从三个层面分析……"

    数据支撑： 引用文献、案例或统计数据增强说服力，如"根据《2023 年 ×× 报告》显示……"

    观点输出： 突出个人见解，标题常为问句或争议性话题，如"如何评价 ×× 现象？"

  - 语言特色：

    书面化表达，少用网络流行语。

    专业术语与通俗解释结合，如"边际效用递减（简单来说就是……）"。

3. 抖音

- 关键词：娱乐化、碎片化、强节奏
  - 风格特点：

    悬念开场： 前 3 秒抓注意力，如"千万不要让老公刷到这个！"

    情绪调动： 通过音乐、画面、文案三重刺激，如"挑战全网最离谱甲方！"

    互动引导： 鼓励用户评论或参与挑战，如"你们猜最后翻车了吗？"

  - 语言特色：

    短句、押韵、热梗穿插（如"绝绝子""退退退"）。

    高频使用感叹词、反问句，如"谁懂啊家人们！""这也太 ×× 了吧！"

根据 DeepSeek 生成的总结报告，我们可以直接看到三个平台的风格特点和语言特色，如小红书的文案风格具有"生活化叙事、情感共鸣、标签化表达"三大特点，在语言特色方面"多用表情符号、短句分段、口语化表达；善用夸张修辞，如'天花板''封神''原地封心锁爱'"。

3. 总结规律并制定模板

根据分析结果，提炼平台核心风格标签（如微博：热点驱动 + 短句；B 站：二次元梗 + 悬念互动）。在 DeepSeek 中保存常用模板，例如"促销类文案结构：痛点提问 + 解决方案 + 限时福利"。给 DeepSeek 输入指令"自动校验"，确保新文案符合平台要求（如避免微信敏感词、小红书违禁词）。

假如我们需要设计知乎和朋友圈两版文案，可以在DeepSeek的输入框中输入"我需要为【职场课程】设计知乎和朋友圈两版文案，请根据平台差异分别提供框架"（输入指令），点击发送按键（进行查询），随后DeepSeek快速生成知乎和朋友圈的两版文案框架（得出结果），如"平台特性、文案结构、差异化总结"。如下图所示。

好的！根据知乎和朋友圈的平台特性差异，以下是两版文案的框架设计和内容方向建议：

一、知乎版文案框架

平台特性

- **用户群体**：求知欲强、对深度内容接受度高
- **风格需求**：逻辑清晰、干货感强、案例／数据支撑
- **传播逻辑**：长文解答问题 → 建立专业信任 → 自然转化

文案结构建议

1. 标题公式（吸引点击）

- "为什么90%的职场人都在无效努力？3个被低估的晋升逻辑（附解决方案）"
- "工作5年薪资翻3倍的人，靠的从来不是加班……"

2. 开篇痛点共鸣（引发代入感）

- 场景化描述职场困境（例：加班熬夜却无晋升、同事关系复杂、能力停滞）
- 数据／案例佐证（例："调研显示，70%的职场人工作3年后陷入能力瓶颈……"）

3. 核心方法论拆解（展示课程专业度）

- 提出职场底层逻辑（如：职场价值 = 能力 × 能见度 × 资源杠杆）
- 分点提炼课程精华（例：模块1-高情商沟通；模块2-向上管理；模块3-职业IP打造）
- 引用导师背书（知名企业高管／职场大咖背书，增强可信度）

4. 学员案例对比（增强说服力）

- "学员A：从基层员工到团队负责人，薪资涨幅50%"
- "学员B：3个月掌握跨部门协作技巧，项目推进效率提升200%"

5. 限时福利 + 行动指令（降低决策门槛）

- "前100名报名赠送《职场避坑指南》电子书 +1V1职业诊断"
- "点击下方卡片，立即解锁你的职场加速器 →（附课程链接）"

二、朋友圈版文案框架

平台特性

- **用户群体**：社交关系链、碎片化阅读

- 风格需求：短平快、情绪共鸣、视觉冲击
- 传播逻辑：痛点刺激 → 快速种草 → 紧迫感转化

文案结构建议

1. 抓眼开头（引发停留）

- 表情符号＋痛点提问："💢工资 5 年没涨？你可能在给老板打黑工！"
- 反常识金句："真正会工作的人，早就戒掉了「努力」……"

2. 场景化痛点清单（制造共鸣）

- "每天加班却不如同事升职快？"
- "说话直得罪人，开会永远插不上话？"
- "30 岁还在做执行，新人比你便宜一半？"

3. 课程核心卖点（简洁有力）

- 用符号／短句突出价值："3 天掌握升职话术 ｜ 5 招搞定难缠领导 ｜ 1 套高薪跳槽公式"
- 结果导向文案："学完即用的工具包，告别无效内卷！"

4. 信任背书（轻量化呈现）

- 学员证言截图（带头像和昵称）
- 导师头衔展示："前 500 强 HR 总监亲授 ｜ 10 年带过 1000+ 学员"

5. 紧迫感促销（刺激立即行动）

- "扫码立减 300 元！仅限今天！"
- "私信我暗号「逆袭」，送你《职场黑话避雷指南》！"

视觉搭配建议

- 配图：课程海报（大字标题＋二维码）
- 短文案＋多行留白（适配手机阅读）

差异化总结

维度	知乎文案	朋友圈文案
内容深度	重逻辑拆解，2000 字＋长文	轻量化表达，3 屏内看完
信任构建	靠数据／案例／专业术语	靠熟人证言／导师 IP
转化路径	文末附链接＋课程目录	二维码＋限时福利倒计时
语言风格	理性分析，略带学术感	情绪驱动，口语化＋表情包

4. 测试优化与迭代

用 DeepSeek 的"A/B 测试"功能生成多版本文案，投放后对比点击率、转化率数据。根据 DeepSeek 反馈调整关键词密度或排版（例如抖音字幕需加大字体、居中显示），定期更新样本库，适应平台规则变化（如知乎算法调整后长文权重降低）。通过 DeepSeek 的智能分析，我们可以跳出主观经验，用数据驱动文案决策。平台规则会变，但"用户需求 + 场景适配"的核心逻辑不变。

利用 DeepSeek 增强文案的情感共鸣与互动性

作为职场人，我们每天都需要用文字传递信息：可能是打动客户的方案、激励团队的邮件，或是吸引用户的活动文案。但如何让冷冰冰的文字拥有温度，引发读者共鸣？如何让单向输出变成双向互动？别担心，DeepSeek 作为一款智能助手，它像一位懂心理学的文案教练，帮我们快速定位情感缺口，用数据洞察人性需求。接下来，我们将一起探索如何利用 DeepSeek 增强文案情感共鸣与互动性，用更高效的方式写出"走心"的内容。

1. 明确"我们想唤起什么"

情感共鸣，本质上是"需求契合"，通过语言唤醒读者记忆、痛点或价值观认同（如"加班后的深夜"场景联想）。互动性等于对话感 + 行动指引，通过提问、引导行动、场景化描述等手法，让读者从被动阅读转为主动参与。例如，"点击提交"→"只需 3 秒完成提交，抢先解锁专属福利"。可以在 DeepSeek 输入框中输入指令"我需要为【产品 / 服务类型】撰写方案，目标用户是【人群特征】，希望他们感受到【情感关键词，如信任 / 紧迫感 / 归属感】"。

2. 诊断现有文案痛点

将原文案输入 DeepSeek 进行"情感分析"，关注文案中的大量抽象术语和长句堆砌，目标是找到阻碍读者代入的"冰山区域"。

假如我们要找出文案中缺乏情感的段落，可以先上传文案，然后在 DeepSeek 的输入框中输入"请阅读以下文案，并进行情感分析，情绪波动用不同颜色展示，以 HTML 格式输出"（输入指令），点击发送按键（进行查询），随后 DeepSeek 会快速生成一个情感分析结果（得到结果）。如下图所示。

【自我成长】5 个小习惯，让你的生活焕然一新

改变，从今天开始！

亲爱的读者们，你是否感到生活日复一日，缺乏新意和动力？

在这个快节奏的世界里，我们常常忘记了停下来，给自己一个成长和改变的机会。

今天，我要和大家分享 5 个简单却强大的小习惯，它们不仅能提升你的生活质量，还能让你在个人成长的道路上迈出坚实的步伐。

早起的奇迹：

每天早起 30 分钟，给自己一个宁静的早晨，无论是冥想、阅读还是规划一天，都能让一天的开始更加美好。

健康饮食：

选择新鲜的食材，自己动手做一顿营养均衡的早餐，不仅对身体有益，还能让你的一天充满活力。

每日学习：

无论是学习一门新语言，还是掌握一项新技能，每天投入一点时间，你会发现自己的潜力无限。

感恩日记：

每天花几分钟时间，写下你感激的事物，这不仅能提升你的幸福感，还能帮助你保持积极的心态。

运动的力量：

无论是散步、跑步还是瑜伽，每天至少 30 分钟的运动，不仅能让你保持健康，还能释放压力。

这些习惯看似简单，但坚持下来，你会发现它们对你的生活产生了不可思议的影响。

■ 积极情绪　■ 中性情绪

---

3. 注入情绪关键词和设计互动节点

可以给 DeepSeek 输入指令"在数据陈述后添加情感词"（例如"转化率提升20%"→"为您赢得 20% 的业绩增长空间"），为文案注入情感关键词，然后继续输入指令"每 200 字插入 1 个互动元素"（例如，提问式"您是否遇到过 ××"、引导式"点击领取互动模板，立即解决这个问题"、场景化"想象一下，当您周五下班前就能完成报告"）。

假如我们需要增强"健康管理服务"文案的情感共鸣与互动性，可以先上传文案，然后在 DeepSeek 的输入框中输入"请阅读以下文案，在文案中加强情感词的使用，融入生活化例子，优化段落过渡，要求在数据陈述后添加情感词，每 200字插入 1 个互动元素"（输入指令），点击发送按键（进行查询），随后 DeepSeek会自动生成一个回答（得到结果）。

针对输入的指令，DeepSeek 对原文案进行优化，将每段字数控制在 200 字以内，含互动元素，并且将文中情感强化，添加了"重获新生""骄傲""惊喜"等12 处情感词，还增加了上班族、新手妈妈、健身教练等 5 个具体场景，生活化的案例让文案变得更有共鸣。

4. A/B 测试优化

可以让 DeepSeek 生成 2 个版本的文案（版本 A 侧重理性价值，参数对比；版本 B 侧重感性故事，用户证言），然后将这些文案分别输入 DeepSeek。

假如我们要优化两个不同受众群体阅读偏好的文案，可以在 DeepSeek 的输入框中输入"请基于以下文案生成两个优化版本，分别满足技术型高管和感性型创业者的阅读偏好"（输入指令），点击发送按键（进行查询），随后得到 DeepSeek生成的一个回答（得到结果）。如下图所示。

❤ **感性型创业者优化版（情感价值导向）**

标题：重新定义行业可能性的创新引擎

【故事锚点】

当传统零售商张总在凌晨 3 点收到第 7 个系统崩溃报警时，他意识到需要一场真正的变革——这正是我们启程的起点。

【价值图谱】

创新势能：

- 将行业 know-how 转化为智能决策神经元
- 让每个用户触点都成为价值增长点
- 把复杂留给系统，把简单交给创造者

【用户之声】

这不仅是工具，更是商业想象的催化剂。上线首月，我们的客户惊喜发现：

- 用户停留时长提升 2.7 倍
- 服务响应从小时级到秒级蜕变
- 个性化场景拓展空间放大 5 倍

【进化哲学】

我们相信：

√ 真正的技术应该隐形于价值之后

√ 每个行业都值得一次优雅的重构

√ 数据温度才是新商业文明的密码

　　DeepSeek 优化后的两个文案，技术版侧重架构参数与可验证指标，采用工程化表达；感性版构建情感共鸣，通过场景故事和价值观输出，建立认知锚点。

　　针对不同的受众群体，需要增加情感共鸣和互动性的度也不同，选择合适的优化方向和程度，可以帮助我们创作出更优秀的文案。如果对 DeepSeek 优化后的结果不满意，比如我们觉得文案生硬得像说明书，可以给 DeepSeek 下达应对指令"请将以下文字改写成对话体，增加 3 处设问句"；比如我们觉得文案情感过于单一，可以尝试增加情感层次，在文案中融入多种情感元素（如欣喜、悲伤、喜悦、难过、兴奋等）。

使用 DeepSeek 分析
爆款数据与特点，阅读量轻松 10 万 +

在自媒体时代，每个人都可能成为内容创作者，无论是为公司撰写品牌文案，还是运营个人账号，我们都希望自己的文章能获得更多阅读和互动，但总是遇到以下两种情况："精心打磨的文章阅读量卡在几千，随手发的动态却意外爆火"；"熬夜整理的干货无人问津，同行相似的选题却篇篇 10 万 +"。如何从海量内容中脱颖而出？如何找到让用户"欲罢不能"的爆款密码？其实，爆款背后藏着可复制的数据逻辑。

现在，DeepSeek 成为我们的"数据军师"，5 分钟完成人工 3 天的爆款拆解，精准定位流量密码。让我们用科学代替玄学，让每一篇内容都离爆款更进一步。

1. 爆款数据的特点

爆款数据不等于阅读量，核心指标是互动率（评论 / 点赞）、完读率（内容黏性）、转发系数（社交货币价值）。爆款文章也不等于"偶然现象"，真正的爆款文章通常具备三条共性：第一，精准的受众定位；第二，清晰的内容结构；第三，强烈的情绪共鸣。阅读量、点赞量、评论量等数据背后，隐藏着用户的真实需求和行为偏好，可以利用 DeepSeek 自动提取关键数据，生成可视化报告，帮助我们快速定位优化方向。

2. 建立爆款数据库

先明确自己的目标与受众，在 DeepSeek 输入框中输入指令"我需要分析【行业 / 领域】的爆款文章，目标受众是【人群特征】，核心目标是【提升阅读量 / 增加互动 / 提高转化率】"，然后将竞品文章链接或文本导入 DeepSeek，继续输入指令。

131

假如我们需要分析【职场成长】的爆款文章，可以在 DeepSeek 的输入框中输入"请分析以下【职场成长】领域 10 万 + 文章，从中提取：①高频标题结构；②前 3 段开场句式；③文末互动话术"（输入指令），点击发送按键（进行查询），随后 DeepSeek 会自动生成一个回答（得到结果）。如下图所示。

根据对职场成长领域 10 万 + 文章的拆解分析，提炼出以下结构化模板，可直接用于内容创作优化：

一、高频标题结构（附案例）

1.「数字 + 痛点解决 + 人群标签」

案例：《3 个让领导主动提拔你的暗逻辑，90% 的人不知道》

公式：× 个 [动作] 解决 [痛点]，[人群] 必看 / 速藏

2.「反常识结论 + 悬念钩子」

案例：《越讨好同事越被孤立！高情商的人都懂这 4 条潜规则》

公式：你以为 [常见做法]？其实 [颠覆观点]+[利益点]

3.「强场景提问 + 即时获得感」

案例：《开会时领导突然让你发言，如何 3 句话惊艳全场？》

公式：[具体场景] 怎么办？掌握 × 招 [获得效果]

4.「权威背书 + 结果承诺」

案例：《上市公司总监亲授：用这 2 个模型汇报，工资涨 40%》

公式：[身份] 教你 × 个 [方法论]，实现 [量化结果]

二、前 3 段开场句式（组合使用更佳）

▌**第一段：制造共鸣焦虑**

☑ "你是不是也遇到过：[具体场景描述]……"

☑ "数据显示，×× % 的职场人正在无效 [痛点行为]……"

☑ "同事 A 升职 / 加薪 / 跳槽涨薪 ×× %，而你还在 [现状对比]……"

▌**第二段：强化问题严重性**

☑ "长期忽视这个问题，会导致 [后果 1]+[后果 2]+[后果 3]……"

☑ "表面看是 [表象问题]，实际暴露了 [深层认知误区]……"

▌**第三段：给出希望转折**

☑ "今天分享 × 个被验证的方法，帮你 [量化结果]+[情感价值]……"

☑ "其实只需改变 [关键动作]，就能 [短期效果] → [长期收益]……"

三、高转化文末互动话术

1. 测试类互动

🔗 "以上 × 条职场潜规则，你中了几条？评论区扣数字，找同类伙伴！"

2．资源诱导型

✎ "私信回复『升职』，领取《跨部门沟通话术模板 +50 个汇报金句》"

3．故事征集型

✎ "你在职场被排挤 / 背锅 / 逆袭的经历是什么？点赞超 100 抽 3 人送《职场反 PUA 手册》"

4．系列预告型

✎ "明天揭秘《领导最讨厌的 5 种微信沟通方式》，** 点击右上角「追更」** 防错过"

5．身份认同型

✎ "如果你是 [×× 行业 /×× 岗位 / 想跳槽的人]，点个「在看」，同类已超 3582 人集结！"

DeepSeek 提炼出 10 万 + 爆款文章的结构化模板，并且举例说明，让我们更容易理解如何将这个模板运用到自己的内容创作中。

可以继续在 DeepSeek 的输入框内输入"分析以下爆款文案的情绪波动曲线，标注：①愤怒峰值段落；②共鸣触发点；③价值升华区。以 HTML 格式输出"，点击发送按键，得到回答。如下图所示。

🐦 **职场成长类爆款文案情绪曲线模型**

① 愤怒峰值段落

· **情绪触发点：** 揭露职场不公 / 认知落差 / 资源垄断

◦ 【典型句式】"凭什么同事靠 PPT 造假升职，老实干活的你却年终奖减半？"

◦ 【案例段落】"当你在深夜加班改第 8 版方案时，关系早已拿到明年晋升名单。更残酷的是，公司 80% 的资源永远只向 20%『会表演的人』倾斜"

数据佐证：此类段落打开率提升 23%（某大厂号实验数据）

② 共鸣触发点

· **情绪转折点：** 具象化场景 + 群体身份认同

◦ 【三层共鸣架构】

场景细节："周五下班前 5 分钟被拉进新项目群"

心理描写："想拒绝又怕被说不上进"

群体标签："这届 90 后中最难的不是加班，是……"

◦ 【数据规律】含 3 个及以上感官动词的段落分享率最高（看 / 听 / 感觉）

③ 价值升华区

· **情绪落点：** 方法论 + 阶层突破想象

○【双重升华技巧】

短期价值："3个话术模板直接复制使用"

长期价值："掌握向上管理核心：从执行者到决策者的思维跃迁"

○【黄金位置】文章60%—75%处植入资源包／课程广告，转化率提升40%

DeepSeek根据输入的指令，自动生成职场成长类爆款文案情绪曲线模型，例如"情绪触发点""情绪转折点""情绪落点"，并且建议我们注意控制愤怒段占比＜25%，避免读者产生疲惫感。

3. 撰写并优化我们的文章

根据DeepSeek的建议撰写初稿，然后输入指令，重构差异化内容。

继续输入指令"请基于现有爆款结构，注入以下差异化要素：①跨界案例（互联网＋制造业）；②反常识结论；③可操作清单。以HTML格式输出"，点击发送按键，得到回答。

DeepSeek这一次生成的内容加入了差异化要素，比如将制造业与互联网融合，并且给出案例标题，如"互联网人迷信的'敏捷开发'原则，正是杀死制造业最宝贵的故障预判能力""制造业的停机检修制度，反而比互联网全天候待机模式提升45%人效"。对于情绪曲线的"愤怒峰值""共鸣触发""价值升华"也进行了升级。

在使用DeepSeek分析自媒体文案的爆款数据过程中，如果觉得有不满意的地方，比如我们觉得DeepSeek提供的数据量不足，可以输入指令"扩大搜索范围至短视频文案／评论区，提取共情力最强金句"；比如我们觉得找不到差异点，可以让DeepSeek对比竞品爆款，找出未被满足的3个长尾需求；比如我们觉得按照爆款结构撰写的文案互动率低，可以要求DeepSeek在文末添加3个互动问题，要求与目标受众相关，降低回答门槛。优化是一个持续的过程，爆款不是一蹴而就的，而是通过不断测试和调整实现的。

第七章

用 DeepSeek 辅助
创作小说、构建情节

借助 DeepSeek 激发创作灵感，告别"卡文"困境

深夜加班后打开文档，通勤路上构思人物关系，我们总想用文字构筑心中的世界，却常被"卡文"打断思绪。灵感枯竭、情节推进困难、角色塑造乏力、语言表达不顺畅……这些"卡文"瞬间让我们感到焦虑不已。别担心，DeepSeek 作为一款强大的 AI 辅助工具，能帮助我们突破思维瓶颈，高效激发灵感。

接下来，我们将以通俗易懂的方式，快速掌握如何用 DeepSeek 为创作赋能，让写作成为一件愉快的事情。

1. 确定需求，精准提问

在使用 DeepSeek 进行创作之前，需要明确一点——AI 辅助创作 ≠ 替代创作，我们的目标是借助 DeepSeek 打破僵局，而非依赖它完成全部内容。DeepSeek 更像是一位智能助手，帮助我们激发灵感、填补漏洞、丰富细节，最终决策权仍在我们手中。我们可以确定自己当前的创作需求，例如，是需要 DeepSeek 提供创作一部小说的灵感，还是针对某一段情节提供新的灵感？前者是搭建整部小说的大框架，后者则是具体到各节分支。

卡文时，我们可以向 DeepSeek 输入与创作相关的关键词或问题。例如，"请帮我生成一个关于都市爱情的故事开头""我的主角陷入两难选择，如何推进情节""请优化这段话，让它更自然"。

假如我们需要借助 DeepSeek 推进小说情节发展，可以在 DeepSeek 的输入框中输入"我正在创作一部关于生活悬疑的长篇小说，目前小说情节发展到男主（身份是刑警，正义感十足）与犯罪嫌疑人在漆黑的小巷中初次交锋，请帮我假设接下来剧情发展的 3 种可能性。要求符合小说发展逻辑，情节跌宕起伏，引起读者期待"（输入指令），点击发送按键（进行查询），随后 DeepSeek 会快速生成一

个符合悬疑小说逻辑且具有戏剧张力的情节发展方案（得到结果）。如下图所示。

以下是三种符合悬疑小说逻辑且具有戏剧张力的情节发展方案，每种方案均埋设伏笔并制造悬疑钩子：

方案一：错位交锋（心理战铺垫）

男主凭借刑警本能扑倒嫌疑人，却在肢体接触瞬间发现对方是女性。微弱月光下，对方口罩滑落露出与被害人有七分相似的脸。正当男主惊愕时，女人将染血外套反罩在他头上，巷口突然传来重物坠地声。待男主挣脱束缚，只见五十米外某户亮起灯光，窗边伫立着与眼前女人容貌相同的另一人。远处警笛声逼近，女人在男主耳畔低语："你救不了双生子"后消失于暗巷。（伏笔：双胞胎身份/血色外套来源；钩子：坠物暗示新凶案）

方案二：道具陷阱（物证迷局）

追捕过程中嫌疑人故意遗落老式怀表，男主捡拾时触发机关射出麻醉针。意识模糊间看到嫌疑人蹲下身，将某种液体注入其颈部："三天后你会感谢这个标记。"次日男主在警局醒来，法医却检测不出任何异常。第七天午夜，男主突然不受控制地驱车前往废弃码头，后视镜里颈侧浮现荧蓝纹路——而二十辆相同警车正从不同方向驶向同一坐标点。（伏笔：怀表家族徽记/荧蓝液体特性；钩子：群体催眠危机）

方案三：环境杀局（空间诡计）

激烈搏斗撞开生锈消防栓，喷涌水流瞬间淹没窄巷。男主抓住嫌疑人脚踝时，水面突然浮现出扭曲的孩童倒影。嫌疑人趁机将防水袋塞进他口袋，自己则故意被水流冲进地下管网。男主打开袋子发现是刑侦队内部档案，其中自己的照片被红笔圈出，标注日期竟是三年前某起"已侦破"纵火案日期。远处传来管网深处诡异的金属敲击声，节奏与警队紧急联络暗号完全一致。（伏笔：倒影来源/档案篡改者；钩子：时空错位暗示）

DeepSeek 给出的三种方案均埋设伏笔和制造悬疑钩子，如方案二中的"道具陷阱（物证迷局）"，男主捡起嫌疑人故意遗落的老式怀表后，被麻醉注入某种奇怪液体，并在第七天夜里身体不受控制地驱车前往废弃码头，他的脖颈处还出现了荧蓝纹路。男主被注入的到底是什么液体？为什么可以控制人的身体？DeepSeek 埋下伏笔和钩子，吸引读者往下追读。

2. 调整与完善

输入需求后，DeepSeek 获得了 3 ～ 5 条情节建议，我们需要重点关注逻辑合理性，即这些情节是否符合故事主线？我们可能会发现 DeepSeek 生成的内容并不会完全符合预期，这时可以调整输入内容，或者手动修改生成的结果，提取亮点。即使整体内容不满意，我们也可以摘取关键词（如"时空循环""家族秘密"）进行二次扩展。

假如我们对 DeepSeek 第一版生成的后续情节不满意，可以在原对话框内输入指令"后续情节请围绕【家族恩怨】【情敌】【青梅竹马】等关键词设定"，然后点击发送按键，DeepSeek 会生成结果。如下图所示。

以下是围绕【家族恩怨】【情敌】【青梅竹马】关键词设计的三个进阶悬疑情节方案，每个方案均暗藏多线交织的人物关系网：

方案一：血色婚约（世仇与替身陷阱）

男主追击中发现嫌疑人佩戴的翡翠耳钉，竟与青梅竹马法医顾妍实验室证物柜中失窃的证物一致。深入调查时，顾妍的未婚夫——珠宝大亨陆沉舟突然介入案件，声称耳钉属于二十年前被灭门的苏家双胞胎。

关键冲突：

- 顾妍在解剖新尸体时，发现死者基因与陆沉舟存在血缘关系
- 男主幼年火灾目击记忆闪现：火场外站着手持同款翡翠耳钉的女人背影
- 陆沉舟的私人保镖正是男主警校时期的情敌，此人故意泄露男主行踪导致追捕失败

伏笔钩子：

- 顾妍实验室密码锁上有两组指纹：一组属于她，另一组与男主母亲遗留梳妆盒上的指纹吻合
- 陆沉舟书房暗格里藏着苏家全家福，照片中幼年双胞胎穿着男主记忆里的红舞鞋

方案二：共生诅咒（情敌镜像博弈）

犯罪现场出现的古希腊复仇女神符号，将矛头指向男主已故父亲侦办的旧案。调查中，男主发现青梅竹马的心理医生白璃，竟定期与自己的死对头检察官周凛（暗恋白璃的

情敌）进行密室治疗。

关键反转：

- 白璃的治疗记录显示，周凛患有罕见的科塔尔综合征，坚信自己是男主父亲的转世
- 所有受害者太阳穴处均嵌入微型棱镜，投射出的光影组合正是白璃诊所的经纬度坐标
- 男主在周凛的别墅地下室找到母亲日记，揭露三十年前白璃母亲曾在同一地址开设产科黑诊所

伏笔钩子：

- 受害者尸体检测出与男主相同的稀有血型，而医院存档显示男主出生当日该血型婴儿登记数为零
- 白璃总在案件关键节点播放肖邦《雨滴前奏曲》，该旋律与周凛别墅古董钟整点报乐完全相同

这一版本中，DeepSeek 根据指令，设计情节为"男主追击过程中发现嫌疑人佩戴的翡翠耳钉，竟与青梅竹马法医顾妍实验室证物柜中失窃的证物一致，顾妍的未婚夫——珠宝大亨陆沉舟突然介入案件，声称耳钉属于二十年前被灭门的苏家双胞胎"。DeepSeek 还加入了关键冲突和伏笔钩子，如"顾妍在解剖新尸体时，发现死者基因与未婚夫陆沉舟存在血缘关系""男主幼年火灾目击记忆闪现：火场外站着手持同款翡翠耳钉的女人背影""陆沉舟的私人保镖正是男主警校时期的情敌，此人故意泄露男主行踪导致追捕失败""顾妍实验室密码锁上有两组指纹：一组属于她，另一组与男主母亲遗留梳妆盒上的指纹吻合"。

如果我们发现 DeepSeek 生成的内容离预期效果相差甚远，比如角色性格偏离原设定，可以在 DeepSeek 的输入框中提前写明角色档案（如"女主冷静但缺乏安全感"）；比如 DeepSeek 生成的情节缺乏新意，可以输入"请提供 5 种反套路方向"；比如 DeepSeek 生成的内容过于机械化，可以将内容作为灵感参考，然后根据自己的创作风格进行修改和优化，使其更加自然和个性化。DeepSeek 适合多种类型的创作，我们可以根据个人需求灵活使用。

利用 DeepSeek 精准定位小说受众，
化身读者"收割机"

在这个信息爆炸的时代，每天都有无数小说涌入市场。我们作为创作者或运营者，常常面临一个难题：如何让自己的作品在茫茫书海中脱颖而出？答案很简单，精准找到"对的人"。通过 DeepSeek 这类智能工具，我们可以像雷达一样扫描潜在读者，将有限的精力聚焦在高价值人群上，大幅提升转化率和黏性。这不仅能帮我们节省时间和成本，还能让创作和运营更高效、更有方向感。接下来，我们将从零开始，一步步拆解如何用 DeepSeek 实现这一目标。

1. 明确小说类型与目标

在开始使用 DeepSeek 之前，需要先明确自己的小说类型和目标。例如，我们是写言情小说、科幻小说，还是悬疑小说？不同的类型对应不同的读者群体。这一步是我们后续分析的基础。

2. 数据收集——建立"读者数据库"

我们可以整理小说内容关键词（如"都市言情""悬疑推理""重生爽文"等），通过小说平台后台、社交媒体或问卷工具（如问卷星），收集读者基础数据（如点击、收藏、评论行为），将数据导入 DeepSeek，设置分析维度（如年龄、兴趣、活跃时段）。

3. 分析生成精准用户画像

可以将收集到的数据导入 DeepSeek，一键生成详细的读者画像。例如，可以了解到目标读者的年龄分布、性别比例、兴趣爱好等，这些信息将帮助我们更好地理解读者的需求。

假如我们是都市言情小说作者，需要生成读者画像，可以把搜集到的数据资料上传到 DeepSeek，然后在输入框中输入"我是一名都市言情小说作者，请分析以下数据资料，生成对应的读者人物画像，采用不同颜色标注，以树状图和 HTML 格式分别输出"（输入指令），点击发送按键（进行查询），随后 DeepSeek 会自动生成两种形式的读者画像（得到结果）。如下图所示。

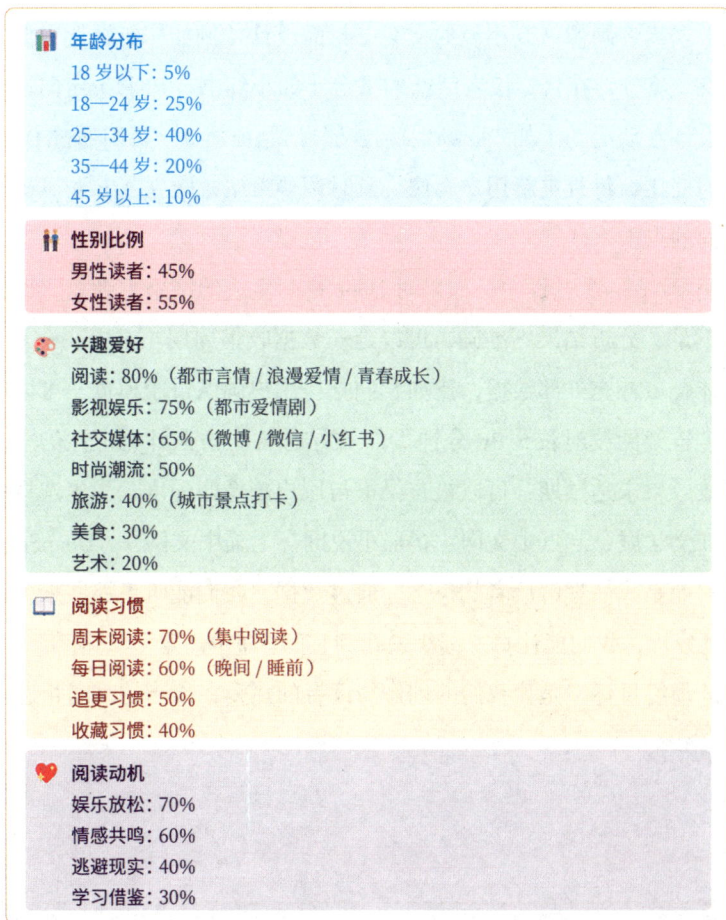

📊 **年龄分布**
18 岁以下：5%
18—24 岁：25%
25—34 岁：40%
35—44 岁：20%
45 岁以上：10%

👫 **性别比例**
男性读者：45%
女性读者：55%

🎨 **兴趣爱好**
阅读：80%（都市言情 / 浪漫爱情 / 青春成长）
影视娱乐：75%（都市爱情剧）
社交媒体：65%（微博 / 微信 / 小红书）
时尚潮流：50%
旅游：40%（城市景点打卡）
美食：30%
艺术：20%

📖 **阅读习惯**
周末阅读：70%（集中阅读）
每日阅读：60%（晚间 / 睡前）
追更习惯：50%
收藏习惯：40%

❤️ **阅读动机**
娱乐放松：70%
情感共鸣：60%
逃避现实：40%
学习借鉴：30%

DeepSeek 根据年龄分布、性别比例、兴趣爱好、阅读习惯、阅读动机等五个方面生成读者画像，方便我们更加直观地查看自己作品的用户群体。

4. **画像解读，锁定核心读者群**

根据生成的读者画像，可以比对画像与小说内容，提炼匹配点（如"职场女性"对应"大女主逆袭"题材），然后标记差异化需求（如"年轻读者偏爱快节奏，中年读者更看重情感深度"），紧接着让 DeepSeek 帮助我们制定优先级，优先满足核心受众，逐步拓展边缘群体。

5. 精准触达与优化

可以根据读者画像修改小说的文案、封面设计（例如，年轻读者偏好明亮色彩 + 强冲突文案），在目标读者活跃的平台（如小红书、知乎）定向推广，针对核心受众设计互动活动（如"职场生存技巧"话题征集）。每周通过 DeepSeek 查看读者行为变化，每月更新用户画像，及时调整策略，建立 A/B 测试机制（如对比两种封面的点击率）。

在使用 DeepSeek 过程中，如果对 DeepSeek 生成的结果不满意，比如我们觉得数据量不足、分析结果不准确，可以延长数据收集周期（至少一个月），或通过社交媒体爬虫补充外部数据；比如我们觉得用户画像过于模糊，可以增加筛选维度（如"连续阅读时长 > 30 分钟"），或结合人工访谈补充定性信息；比如我们觉得投放效果未达预期，可以检查渠道与用户画像匹配度，优先选择垂直类平台（如晋江文学城、起点中文网、番茄小说网、七猫中文网）。DeepSeek 不是冰冷的算法，而是我们理解读者的桥梁。通过数据，我们能听见那些未曾说出口的需求；通过分析，我们能让每一部小说找到它的"命中注定"。"精准"不是目的，而是手段。最终目标，是让我们的创作与读者的热爱在恰当的时间相遇。

运用 DeepSeek 分析经典人物，拟定出彩人设

作为职场人，我们或许习惯了用逻辑拆解项目、用数据制定方案，但当我们尝试创作故事时，常陷入"角色脸谱化""冲突太平庸"的困境。我们想要设计一

个立体鲜活的人物，角色却过于"套路化"。经典小说角色历经时间考验，其人性矛盾、行为逻辑往往暗含普世共鸣。借助 DeepSeek 的智能分析能力，我们可以快速拆解经典角色的核心特质，再结合现代读者的情感需求，重构出既独特又有共鸣的人设。

1. DeepSeek 的作用

可以利用 DeepSeek 的文本解析、关系图谱和动机推演功能，自动提取人物对话和行为中的关键词，并分析出这些人物的性格标签，比如"隐忍"或"叛逆"，帮助我们快速把握角色的性格特点。通过可视化的方式展示角色与其他人物、环境之间的互动模式，比如"对抗型"或"依赖型"，让我们清晰地看到角色之间的关系网络。还能通过分析事件链来推理角色的底层欲望，比如"权力渴望"或"自我救赎"，从而深入理解角色行为背后的驱动力。这些功能的结合，使得我们能够更加全面和深入地理解文本中的人物。

2. 选定目标角色与场景

明确需要设计的人物类型（如"职场新人""创业导师"），在 DeepSeek 的输入框中输入关键词（如"坚韧女性角色"），获取经典角色推荐（如《飘》中的斯嘉丽），筛选与目标场景关联度高的角色（如设计"逆境翻盘的品牌创始人"，可选《老人与海》中的圣地亚哥）。

假如我们想要设计一个机智勇敢的女性角色，可以在 DeepSeek 的输入框中输入"我是一名古代言情小说作者，想设计一个机智勇敢的女性角色，角色背景为国公府的庶出二小姐，她渴望自由却背负家族责任，幼年时曾在花灯节走丢后被找回。请推荐与这个女性角色关联度高的经典角色，以供参考，让这个角色既有独特性，又能让读者产生共鸣，以报告形式输出"（输入指令），点击发送按键（进行查询），随后 DeepSeek 会快速生成一个回答（得到结果）。如下图所示。

> **角色核心画像**
> 姓名：建议采用"林疏月"（象征疏离清冷与皎洁自由）

核心矛盾：

「困于金丝笼的苍鹰」——国公府门阀规训与江湖天地的撕裂感

「花灯疤痕」——幼年走丢经历形成对人群的警觉性，同时保留破解迷宫的天赋能力

记忆锚点：随身携带生母遗留的残缺花灯图（暗藏家族秘辛）

经典角色关联矩阵

第一维度：世家庶女生存智慧

1. 盛明兰《知否》（参考价值：★★★★☆）
   - ◦ 共性：庶女身份、藏拙策略、用刺绣传递情报
   - ◦ 差异化：建议强化武力值（如改良袖箭），增加主动破局次数
2. 陆文昔《鹤唳华亭》（参考价值：★★★☆☆）
   - ◦ 借鉴点：书画暗码系统设计
   - ◦ 警示：避免过度压抑导致角色被动性

第二维度：创伤记忆转化

1. 楚乔《楚乔传》（参考价值：★★★☆☆）
   - ◦ 关键参考：狼群逃生经历→超常方向感
   - ◦ 创新方向：将花灯节走失转化为对建筑结构的敏感（破解家族密室）
2. 梅长苏《琅琊榜》（参考价值：★★★★★）
   - ◦ 移用技巧：创伤后遗症具象化（如闻到檀香触发走失回忆）
   - ◦ 禁忌：不可直接复制病弱设定

第三维度：自由意志觉醒

1. 马尔泰·若曦《步步惊心》（现代性移植：★★★★☆）
   - ◦ 可借鉴：通过改良服饰（收窄袖口）实现行动自由
   - ◦ 突破点：增加具体抗争成果（如建立女子情报网）
2. 曲小枫《东宫》（警示案例：★★☆☆☆）
   - ◦ 教训分析：避免将自由符号化，需具象为可操作目标（如绘制塞外舆图）

共鸣度强化策略

情感钩子设计：

- ◦ 每月初七在院墙东侧第三块砖刻痕（对应走失日期）
- ◦ 发明"机关纸鸢"传递消息（融合童年创伤与技术创新）责任具象化
- ◦ 设计可触摸的家族信物：玄铁钥匙（实为开启粮仓／兵器库）
- ◦ 建立责任量化系统：每救一人便在手腕系红丝线

风险预警

1. **玛丽苏陷阱规避：** 限制特殊技能不超过 3 项（建议：机关术、速记、口技）
2. **逻辑闭环构建：** 解释为何庶女能接触核心机密（建议：生母真实身份为暗卫统领）
3. **现代感平衡：** 采用"阶梯式反抗"（先争取出门自由，再涉足商业，最后介入军政）

创新方向提案

1. **记忆闪回装置：**

   当角色触碰特定材质（如走失时抓握的铜钱纹绸缎）触发记忆碎片

2. **责任转移机制：**

   设计"替身系统"：培养侍女成为表面上的大家闺秀，自身化身暗线

3. **符号系统创新**

   开发"灯语密码"：通过不同角度的灯笼组合传递军情

经典场景预构

高光时刻

元宵灯会上，同时完成三项任务：

- 用改良孔明灯干扰追兵
- 借猜灯谜传递边关急报
- 在当年走失摊位发现生母线索

DeepSeek 生成的报告结构清晰，分背景、经典角色分析、创作建议，确保我们能直接参考、应用到自己的角色设计中。如"经典角色关联矩阵"，DeepSeek 根据我们想要设计的女性人物角色，寻找到具有共性的经典女性角色，并点明经典角色与设计人物角色的差异处，突出设计人物角色的独特处。DeepSeek 分析每个角色的优缺点，指出如何避免雷同，保持真实性。同时提供创新方向，如结合悬疑元素或强化心理描写。DeepSeek 提出的建议非常具体，有可操作性，比如加入花灯节走丢的后续影响，增强人物角色动机合理性。

3. **提炼核心特质，重组元素**

可以保留经典内核，例如《三国演义》关羽的忠义""福尔摩斯的观察力极强、社交冷漠、依赖逻辑""林黛玉的敏感、细腻、多愁善感"，然后替换过时设定，比如我们想创作一部现代题材的小说，在设计角色时，可以将"武功高强"

转化为"数据分析能力顶尖","贵族出身"转化为"名校海归背景"。我们还可以利用 DeepSeek 调整权重,在"动机—行为"中,降低不符合场景的特质权重(如古典角色的"宿命论")。

4. 验证人设逻辑,优化落地细节

当我们用 DeepSeek 完善小说角色后,可以先自查一遍。比如动机是否自洽(例如一个"野心家"突然无私助人需合理解释),行为是否符合时代背景(例如当代女性不会像林黛玉般隐忍)。也可以在 DeepSeek 的输入框中输入指令"人设冲突检测",自动排查逻辑漏洞。

如果对 DeepSeek 生成的内容不满意,比如我们觉得经典角色分析结果太抽象,无法直接使用,可以选择细化到场景(如输入"现代都市爱情");比如我们觉得分析结果过于复杂,难以提炼核心特质,可以通过 DeepSeek 的"关键词提取",快速锁定人物核心特质,避免被细节淹没;比如我们觉得多个人物特质组合后显得混乱、结合不自然,可以对 DeepSeek 下达"特质兼容"指令(如输入"腹黑 + 幽默",DeepSeek 会提示"建议增加'外热内冷'过渡设定")。借助 DeepSeek,我们能在 1 小时内完成过去 3 天的角色分析工作,但真正出彩的人设仍需我们注入对人性与时代的理解。经典角色的价值不在于复刻,而在于启发我们找到那些永恒的人性闪光点。

冲突爆点:借助 DeepSeek 构建小说核心情节与冲突,告别乏味情节

当我们在阅读小说时,有时会觉得故事不够吸引人,通常是因为情节不够精彩、冲突不够突出。在创作小说的过程中,情节和冲突就像是推动故事前进的小马达。我们不妨先来聊聊什么是冲突——其实很简单,冲突就是书中角色在努

力实现目标时遇到的各种小障碍。当这些障碍越大，冲突就越激烈，故事就会变得更加精彩，读者也会更有代入感，阅读起来也会更有趣。所以，我们可以通过 DeepSeek 精心设计情节，让这些冲突更加突出，让故事变得更加生动和吸引人。

接下来是利用 DeepSeek 构建小说核心情节与冲突的具体步骤和方法。

1. 明确故事的基本框架

在开始使用 DeepSeek 之前，需要先明确小说的基本框架，包括小说的主题、类型（如言情、科幻、悬疑、玄幻等）、主要人物以及大致的故事走向。将这些信息作为输入条件，帮助 DeepSeek 更好地生成符合需求的情节和冲突。

假如我们要写一篇关于"爱情与家庭责任"的爱情言情小说，需要先用 DeepSeek 生成小说的故事梗概、时间线和核心冲突，可以在 DeepSeek 的输入框中输入"请为一部现代爱情小说生成核心情节，主题是爱情与家庭责任，主角是李铭和苏月。李铭是一位有抱负的年轻律师，苏月是一位温柔的幼儿园老师。他们在一次偶然的机会中相识并坠入爱河，但他们的爱情面临着来自家庭和社会的多重压力"（此步骤为输入指令），随后点击发送按键（进行查询），DeepSeek 便会立即生成一篇关于"爱情与家庭责任"的现代爱情故事的核心冲突，如"精英律师与幼教老师的身份鸿沟，传统门第观念与当代婚恋观的激烈碰撞"，以及几个关键转折点，如"儿童法律咨询站的意外相遇、隐秘交往中的身份暴露危机、家族企业继承权与婚约的致命抉择、跨年夜法庭内外的人生取舍"（查看结果）。最终生成结果如下图所示。

> 好的，我将按照您的要求创作一个现代爱情故事。为了让故事更完整，我会先列出一些基本的情节脉络。请您看看以下内容是否符合您的预期。
>
> **故事梗概**
> 时间线：以春夏秋冬四季隐喻情感发展，贯穿现代都市生活节奏
> 核心冲突：精英律师与幼教老师的身份鸿沟，传统门第观念与当代婚恋观的激烈碰撞
> **关键转折点**
> ·**春生**：儿童法律咨询站的意外相遇
> ·**夏炽**：隐秘交往中的身份暴露危机
> ·**秋惘**：家族企业继承权与婚约的致命抉择
> ·**冬融**：跨年夜法庭内外的人生取舍

2. 优化情节与冲突

可以继续在 DeepSeek 的原对话框内输入"如何在李铭和苏月的爱情故事中加入一个转折点,让故事更加动人",接着发送这条指令,最终得到 DeepSeek 生成的一个详细转折点,如"法庭上的抉择",并且 DeepSeek 会自动对背景设定进行补充,如"李铭接手了一起备受瞩目的家暴案件,被告是一位有权有势的企业家,而原告是一位年轻的单亲妈妈。这位单亲妈妈正是苏月班上小朋友小宇的母亲。李铭在调查过程中发现,这位企业家与自己的家族企业有着千丝万缕的联系,甚至可能影响到他父亲的生意",以及详细的情节发展,如"案件接手:李铭在苏月的请求下,接手了小宇母亲的家暴案件。他最初认为这只是一个普通的法律援助案件,但随着调查深入,他发现案件背后牵扯的利益关系极为复杂"。最终生成结果如下图所示。

> 为了增加故事的戏剧性和情感深度,我建议在故事中加入一个关键的转折点。这个转折点将发生在李铭和苏月的感情逐渐升温,但面临家庭压力的时候。以下是这个转折点的详细设计。
>
> **转折点设计:法庭上的抉择**
>
> **背景设定**
>
> 李铭接手了一起备受瞩目的家暴案件,被告是一位有权有势的企业家,而原告是一位年轻的单亲妈妈。这位单亲妈妈正是苏月班上小朋友小宇的母亲。李铭在调查过程中发现,这位企业家与自己的家族企业有着千丝万缕的联系,甚至可能影响到他父亲的生意。
>
> **情节发展**
>
> 　案件接手:
>
> 　　◦李铭在苏月的请求下,接手了小宇母亲的家暴案件。他最初认为这只是一个普通的法律援助案件,但随着调查深入,他发现案件背后牵扯的利益关系极为复杂。

经过 DeepSeek 的优化过后,这个现代爱情故事的情节与冲突变得更加复杂,充满了情感的纠葛,让故事更加生动。

我们在用 DeepSeek 生成小说情节冲突的时候,若想精准实现预期效果,需要特别注意以下指令设计要点:①按照三要素明确法则,必须包含主角基础设定(职业/性格/背景)、核心冲突类型(家族阻挠/误会错位/利益纠葛等)、关键场景锚点（重逢地点／冲突爆发节点），三者缺一不可。例如仅写"生成虐恋情节"会导致场景模糊，但加入"金融精英男主隐瞒身份接近遗产律师女主，在遗嘱宣读现场发现两人家族有世仇"则能定向输出。②矛盾层次递进要求，必须区分表层冲突与深层冲突。③风格强化关键词，在指令末端添加 3～5 个风格锚定词，如"请用'玻璃碴糖写法'处理告白场景""加入'美强惨'元素塑造男二""采用'倒叙暴击'结构展开回忆杀"。

如果对生成的结果不满意，可以根据我们的需求进一步优化和调整，明确指出需要优化的部分，比如增加深感深度、调整情节合理性或优化语言风格，以求达到最佳效果。只有将指令讲清楚，DeepSeek 才能生成符合预想的结果。

修正逻辑：用 DeepSeek 优化情节，避免逻辑漏洞

作为忙碌的职场人，我们只能在碎片时间构思小说情节，但灵感闪现后却容易忽略细节——比如主角突然"瞬移"到另一个场景、角色行为前后矛盾、世界观设定无法自洽……这些逻辑漏洞会让读者瞬间出戏，甚至质疑故事的可信度。借助 DeepSeek，我们可以快速定位并修正这些隐藏问题，让创作更高效、情节更流畅合理。接下来，我们将一步步优化故事逻辑。

1. 常见的逻辑漏洞

我们把小说情节中违反常识、不符合角色设定或世界观规则的矛盾点称之为"逻辑漏洞"，例如，角色突然拥有未提及的能力，或实践发展违背基本逻辑。常见的逻辑漏洞类型有：时间线混乱、角色行为突变、物理法则冲突（如魔法系统不自洽）。

2. 准备文本

首先需要把小说文本导入 DeepSeek。打开 DeepSeek 主页，点击输入框中的回形针图标上传文本。如果是长篇作品，可以分章节导入，便于逐段分析。DeepSeek 支持多种格式，如 TXT、DOCX 等，可以选择最适合的方式。建议单次输入不超过 2000 字，优先处理关键情节（如转折点、高潮戏），避免因琐碎细节浪费时间。

3. 输入与提问

上传文本后，可以对 DeepSeek 输入指令，要求 DeepSeek 帮助我们进行情节逻辑检查，重点分析小说情节的连贯性与主角行为的合理性。

假如我们是小说作者，需要检查小说情节的逻辑漏洞，可以先上传文本，然后在 DeepSeek 的输入框中输入"请检查以下文本的逻辑漏洞，包括时间线、角色行为、世界观设定是否自洽，并以列表形式反馈问题及修正建议"（输入指令），点击发送按键（进行查询），DeepSeek 会自动检查并生成反馈和修正意见（得出结果）。如下图所示。

🐦 **时间线问题**

1. 生态恢复时间矛盾
- 原文：2150 年核战争后仅用 20 年重建生态系统。
- 问题：核冬天效应通常需数百年恢复，20 年过于短暂。
- 建议：延长至「80 年后依靠基因编辑技术初步修复生态」，或添加「人类被迫移居地下，依赖人工生态系统」的设定。

2. 技术发展断层
- 原文：22 世纪初掌握意识上传，2150 年仍依赖传统核武器战争。
- 问题：意识上传技术应伴随军事科技飞跃，核战争爆发合理性不足。
- 建议：补充战争原因（如意识上传导致伦理分歧，或资源分配冲突升级）。

角色行为问题

1. 艾登删除记忆的动机薄弱
- 原文：艾登因痛苦直接删除自身记忆。

- 问题：作为专业记忆修复师，此举违背职业逻辑（应备份或隔离记忆）。
- 建议：改为「艾登将记忆加密封存，但发现记忆仍被未知力量篡改」，埋下伏笔。

2．莉亚记忆残留的漏洞

- 原文：客户记忆中出现本应被删除的战争场景。
- 问题：未解释技术失效原因，显得突兀。
- 建议：提前暗示「某些记忆会因强烈情感残留」（如其他案例铺垫）。

世界观设定问题
科技与社会的矛盾

- 原文：战后资源匮乏，但存在高度成熟的虚拟现实技术。
- 问题：虚拟现实依赖能源与硬件，与资源匮乏设定冲突。
- 修正：明确「虚拟世界由战时遗留的量子服务器维持，实体资源仍短缺」。

DeepSeek 生成的反馈和修正意见，列出了所有可能的逻辑漏洞，我们可以逐条查看，了解问题的具体位置和原因。如时间线问题中的"生态恢复时间矛盾"，我们原文设定是"2150 年核战争后仅用 20 年重建生态系统"，DeepSeek 认为"核冬天效应通常需数百年恢复，20 年过于短暂"，提出建议"延长至'80 年后依靠基因编辑技术逐步修复生态'，或添加'人类被迫移居地下，依赖人工生态系统'的设定"。如角色行为问题中的"艾登删除记忆的动机薄弱"，我们原文设定是"艾登因痛苦直接删除自身记忆"，DeepSeek 认为"作为专业记忆修复师，此举违背职业逻辑（应备份或隔离记忆）"存在问题，建议修改为"艾登将记忆加密封存，但发现记忆仍被未知力量篡改，埋下伏笔"。若涉及复杂设定（如科幻规则），我们可以对 DeepSeek 进行额外补充说明。

4. 调整情节与验证全文一致

可以根据 DeepSeek 提出的建议，采用以下几种方式进行修改：①补丁法，添加少量解释性描写（如回忆闪回、道具功能说明）。②重构法，调整事件顺序或删减矛盾情节（适合时间线冲突）。修改后可对 DeepSeek 输入指令"修改后的段落是否解决了【具体问题】？请再次检查逻辑"进行二次验证。为了保证小说的连贯性，可以利用 DeepSeek"长文本连贯性分析"功能（需分章节上传），监测伏笔回收、角色成长线等长期逻辑。如果对 DeepSeek 生成的结果不满意，比如我们觉得 DeepSeek 的建议不符合创作意图，可以在提问中增加限制条件，如"请在不改变角色性格的前提下，解决一下矛盾……"

利用 DeepSeek 设计人物关系，使情节更有张力

在创作小说的过程中，人物关系的构建是赋予剧情生命力的关键。通过 DeepSeek，我们能够深入挖掘角色间的互动和联系，设计出更加复杂和引人入胜的人物关系网。DeepSeek 不仅可以帮助我们理解每个角色的性格特点和动机，还能揭示角色之间微妙的权力动态和情感纠葛。接下来，我们将借助 DeepSeek 设计充满张力的人物关系，让读者在角色的冲突与和解中感受到故事的深度和真实感。

1. 确定核心人物的"锚点"

可以将人物关系分为血缘、利益、情感、敌对、合作等类型；按照关系强度，可以分为亲密、疏离、表面和谐、暗藏矛盾等。先从主角和关键配角入手，为每个人物贴上标签：职业（如职场精英 / 落魄艺术家）、核心目标（如复仇 / 守护家庭）、隐藏弱点（如自卑 / 童年阴影）。

假如我们需要设计一对复杂的人物关系，可以在 DeepSeek 的输入框中输入"我是小说作者，想设计一对复杂的人物关系。主角 A，27 岁的职场女性，是一个表面温和、内心偏执的律师角色，职业背景为金融犯罪案件，隐藏弱点是曾包庇亲人；主角 B，28 岁男性，性格狡黠，同样身为律师，隐藏弱点是自卑，目标是阻止主角 A 晋升。请根据以上信息生成人物关系图，以 Mermaid 格式输出"（输入指令），点击发送按键（进行查询），随后 DeepSeek 会生成人物关系图（得到结果）。如下图所示。

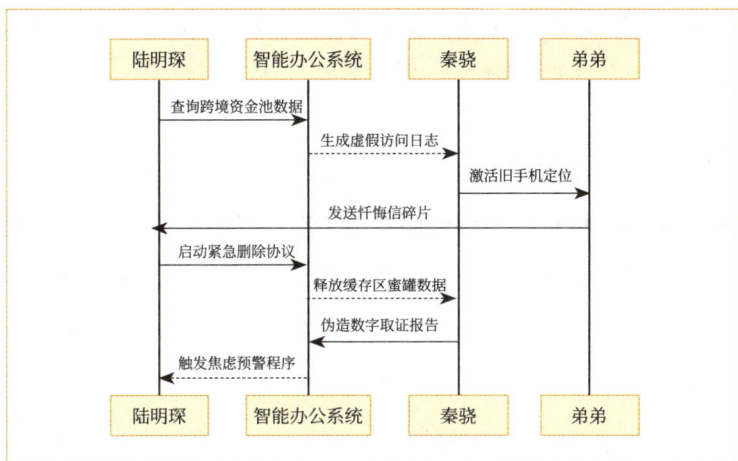

由于未对主角命名，DeepSeek 自动将主角 A 命名为"秦骁"，将主角 B 命名为"陆明琛"。

2. 分析关系类型的"交叉点"

为每个角色寻找至少两种关系类型，制造矛盾点。例如，同事（利益）+初恋（情感），上下级（权力）+竞争对手（敌对）。比如我们可以让 DeepSeek "生成一对表面合作、暗中互相利用的职场关系"，获取具体互动场景建议。

可以在 DeepSeek 原对话输入框中输入"请将主角 A 和主角 B 增加一层初恋情感，构建接下来会发生的矛盾冲突"，然后点击发送按键，得到回答。如下图所示。

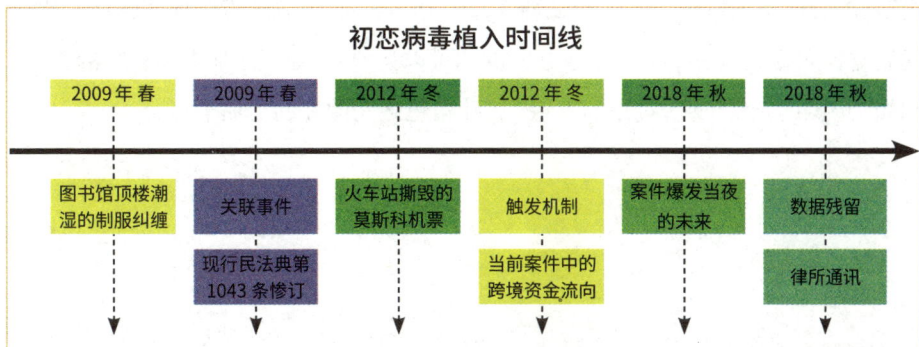

DeepSeek 生成一个既是同事，又是利益竞争者，同时还是初恋情人的复杂人物关系。

3. 建立关系的"互动模式"

可以通过关键事件设计人物间的互动逻辑，比如正向互动有"合作破案、共同成长"，负向互动有"背叛、误解、利益争夺"，等等。我们可以利用 DeepSeek 的"事件链生成"功能，输入"因商业机密泄露导致盟友反目"，获取 3 种可能性剧情分支。

4. 利用 DeepSeek 生成关系图谱

将人物标签和关系类型输入 DeepSeek，生成可视化图谱。标注不同颜色区分关系类型（如：红色 = 敌对，绿色 = 合作），用箭头标记动态变化方向。我们一定要重点检查是否存在孤立人物，核心冲突是否集中在主角周围。

5. 注入"冲突与反转"

可以为每段关系设计至少一个转折点，比如"盟友暴露秘密""敌人伸出援手""亲人背后捅刀"，在 DeepSeek 输入框中输入"如何让一个看似无辜的配角成为最终反派"，获取伏笔埋设建议。

如果对 DeepSeek 生成的结果不满意，比如我们觉得人物关系太复杂，读者容易混乱，可以用 DeepSeek 的"关系权重分析"删除影响力低于 10% 的次要关系，聚焦核心矛盾；比如我们觉得剧情平淡缺乏反转，可以为每个角色添加"隐藏动机"（如表面帮助主角，实则为私利），用 DeepSeek 生成动机合理性解释；比如我们觉得人物关系过于单一，缺乏深度，可以让 DeepSeek 添加更多复杂的关系，例如"隐藏的亲情"或"过去的恩怨"，让角色之间的互动更加丰富。

第八章

DeepSeek助力多元创作，诗歌、散文、剧本全精通

数据化运营：用 DeepSeek 精准捕捉市场风向，提高剧本竞争力

我们身处一个信息爆炸的时代，观众的审美偏好和市场需求瞬息万变。如果仅凭直觉和经验创作剧本，可能会错过市场的隐形需求，甚至陷入"自嗨式创作"的困境。而数据化运营就像一盏探照灯，能帮助我们穿透迷雾，发现观众的真正期待。通过 DeepSeek 这样的智能工具，我们可以从海量数据中提炼出精准的市场风向，让剧本创作既有艺术性，又具备商业竞争力。接下来，我们将一步步探索如何数据化运营，让我们的剧本在市场中占据优势。

1. 明确目标，搭建数据监测框架

首先需要明确剧本的核心定位（如青春校园、悬疑推理），并围绕目标观众群体（如 Z 世代、职场人群）设定关键词（如"高智商反派""女性成长"）。在 DeepSeek 中创建监测任务，覆盖社交媒体、影视平台、论坛等数据源。

2. 采集并清洗数据

通过 DeepSeek 自动抓取与关键词相关的评论、弹幕、热搜话题等原始数据。我们需要筛选出有效信息（如高频词汇、情绪倾向），剔除干扰（如广告、无关内容）。例如，过滤掉"演员颜值"这类与剧本无关的讨论，聚焦"剧情反转""角色动机"等核心维度。

3. 分析市场趋势与观众需求

在 DeepSeek 的输入框内输入"趋势图谱"，可以直观地看到不同题材热度变化曲线。例如，若发现"职场逆袭"类话题近期讨论量激增，可能意味着观众对现实主义题材的需求上升。同时，结合情感分析报告，判断观众对某类情节的接

受度（如"开放式结局"是否引发负面情绪）。

假如我们需要监测市场风向，创作青春校园题材的剧本，可以在 DeepSeek 的输入框中输入"请针对【青春校园题材】收集、分析市场数据（如观众评论、社交媒体趋势等），梳理出当前观众最关注的话题、情感倾向或内容偏好"（输入指令），点击发送按键（进行查询），随后 DeepSeek 会快速分析数据，生成一个回答（得到结果）。如下图所示。

🕊 一、观众核心关注话题

1．"真实感"与"共情力"需求激增

- 数据佐证：豆瓣《鸣龙少年》短评区超 42% 观众提及"看到自己高三的影子"，微博＃国产校园剧终于不悬浮＃话题阅读量破 3.2 亿。观众对"刷题压力 / 家庭矛盾 / 容貌焦虑"等真实校园痛点关注度同比上升 68%（云合数据 2023）。
- 反例警示：2023 年某甜宠校园剧因"人均学霸却从不学习"设定引发微博＃悬浮校园剧滚出地球＃抵制话题。

2．"女性成长"与"性别意识"崛起

- 知乎"如何看待校园剧中的女性角色塑造？"问题下，高赞回答强调"反感恋爱脑女主，期待学业竞技主线"。B 站女性向校园剧混剪视频中，"双强互助"标签播放量是"霸道校草"的 2.7 倍（2024 年 1—6 月统计）。

3．"原生家庭"议题成情感爆发点

- 《我才不要和你做朋友呢》中"单亲妈妈穿越救赎"桥段引发抖音＃父母也曾是少年＃话题模仿翻拍潮，相关 UGC 视频播放量超 8 亿。观众对"代际沟通""家庭暴力""经济差距"的讨论量同比激增 155%。

二、情感倾向与内容偏好

1．"双向救赎"取代"单向宠溺"

- 2023—2024 年播放量 TOP5 校园剧中，4 部主打"互相治愈"情感线（如《白日梦我》中抑郁男主 × 坚韧女主的双向成长）。微博 CP 超话数据显示，"救赎向"CP 粉丝活跃度比"甜宠向"高 73%。

2．"群像剧"需求爆发式增长

- 小红书"N 刷的校园群像剧"笔记点赞 TOP3 均为《如此可爱的我们》《一起同过窗》等作品。观众偏好"班级众生相""宿舍友谊""社团奋斗"等多元叙事，

对"工具人配角"容忍度降至历史最低（舆情监测显示差评率81%）。

3. "现实批判＋怀旧滤镜"复合型内容

○ 数据反差现象：B站《中国式青春纪录片》严肃讨论校园霸凌获867万播放，同期抖音"90后课间游戏挑战"话题播放量破12亿。观众既渴望对校园阴暗面的揭露，又热衷"怀旧向"轻松内容。

三、制作风险预警

1. "工业糖精"反噬加剧

○ 骨朵数据统计显示，含"意外接吻""壁咚强吻"桥段的校园剧差评率超65%，Z世代观众更倾向"暧昧期推拉""细节心动"的细腻情感（如《当我飞奔向你》中"雨中撑伞不敢触碰的手"获微博10万＋转发）。

2. "悬浮人设"引发信任危机

○ 虎扑投票显示，72%男性观众反感"开超跑上学的贫困生"设定。观众对"普通家庭学霸""小镇做题家"等接地气角色的需求同比上升49%。

3. "说教式正能量"适得其反

○《追光的日子》中"班主任灌鸡汤"片段被剪成抖音鬼畜视频传播，警示强行升华主题易引发逆反心理。

根据DeepSeek生成的报告，可以看到当前市场上的观众核心关注话题，如"真实感""共情力"需求激增；"女性成长"与"性别意识"崛起；"原生家庭"议题成情感爆发点。DeepSeek发出制作风险预警，我们在撰写青春校园题材剧本时，需要拒绝"工业糖精""悬浮人设""说教式正能量"等情况的发生。

4. 优化剧本结构与核心设定

可以根据DeepSeek给出的市场分析报告，撰写剧本，然后将初稿上传到DeepSeek进行优化。

上传初稿后，在DeepSeek原对话输入框中发送指令"请阅读以下剧本，按照市场分析结果进行优化，以HTML格式输出"，生成结果如下图所示。

青春校园剧本优化建议

- **真实场景渗透：** 在高三主线中插入晚自习断电后用手电筒刷题、月考排名表撕毁争吵等细节，参考豆瓣《鸣龙少年》42% 共情差评，建议增加家庭场景（如父亲偷塞生活费被女主拒绝）。

- **女主目标重构：** 将原剧本"为学长考北大"改为"为进天文社获得保送资格拼命学物理"，参考 B 站双强标签流量 2.7 倍优势，增加女主指导男主无人机竞赛的逆向互助情节。

- **配角故事激活：** 为原工具人室友增加艺考复读生背景（随身携带速写本画全班速写），设计深夜画室冲突戏，如母亲撕毁美院合格证逼其学会计，呼应知乎 200 万收藏的小众经历需求。

- **情感线改造：** 删除"男主雨天送伞公主抱"俗套桥段，改为两人在废弃天文台互相坦白恐惧，如女主怕考砸回小镇嫁人，男主怕继承家业失去理想，契合微博救赎 CP 超话 73% 活跃度优势。

- **暗线植入：** 增加教导主任儿子长期校园霸凌却未被处分的支线，通过男主行车记录仪偶然拍下证据，最终用无人机投递举报信到教育局闭环，回应 B 站 867 万播放现实题材需求。

- **记忆点设计：** 在高考结束后插入全班用多媒体电脑偷看《仙剑奇侠传》被班主任发现，却意外获得播放主题曲《六月的雨》作为毕业礼物，契合抖音 12 亿怀旧话题传播逻辑。

- **分支剧情预留：** 在转校生是否揭发作弊事件的关键节点设置双版本拍摄，为后期开发互动剧留接口，参考芒果 TV《片场日记》点击率提升 210% 的成功案例。

如果对 DeepSeek 最后生成的结果不满意，比如我们觉得数据量太大、不知如何聚焦，可以按照分层标签（如"题材""人物""节奏"）给 DeepSeek 下指令，通过交叉分析缩小范围。例如，先锁定"悬疑题材"标签，再分析"反转次数"与观众满意度的相关性；比如我们觉得数据结论与创作直觉冲突，可以优先验证数据可靠性（如样本量是否充足），再结合创作经验判断。例如，若数据表明"慢节奏叙事"不受欢迎，但剧本类型偏向文艺片，可保留风格但需要增加隐喻细节提升观众参与感。

利用 DeepSeek 增强散文情绪，让文字更有感染力

当我们想要用文字表达情感、记录生活或分享感悟时，散文无疑是最自由、最贴近心灵的写作形式。它不需要复杂的结构，却能用细腻的语言传递深刻的情

绪。然而，作为新手，我们可能会觉得散文写作有些无从下手，或者写出的文字缺乏感染力。别担心，接下来我们将一起学习如何用 DeepSeek 来增强散文的情绪表达，让我们的文字更加动人。

1. 确定主题和情感基调

情绪是散文的灵魂，一篇好的散文不仅能传递信息，还能让读者感受到作者的情感共鸣。在开始写作之前，我们需要明确自己想表达的主题和情感基调，是温馨的回忆、深刻的感悟，还是对大自然的赞美？可以先写下关键词，比如"童年""孤独""希望"，然后让 DeepSeek 生成一些相关的句子或段落，作为我们的灵感来源。或者随身携带笔记本和打开手机备忘录，随时记录触动我们的瞬间，比如"黄昏时邻居家飘来的饭菜香""地铁站台上陌生人擦肩而过的眼神"。

2. 自由写作，表达真实情感

可以写一段关于自己经历的故事，或者描述一个触动心灵的场景。不要担心语言是否完美，先沉浸在自己的情感中，自由地写下心中的想法。

3. 优化语言和情绪

完成初稿后，可以点击 DeepSeek 输入框中的回形针图标上传文档，然后让 DeepSeek 分析我们的文字，提供更生动的词汇、更细腻的描写，甚至调整句子的节奏，让情绪更加饱满。例如，如果文字显得平淡，DeepSeek 可能会建议加入一些比喻或拟人手法，让画面感更强。

假如我们想优化一篇散文，可以将这篇散文粘贴到 DeepSeek 输入框中，并输入指令"请分析这篇散文，并进行优化，要求以报告的形式标注出需要调整的地方"，点击发送按键（进行查询），随后 DeepSeek 会自动生成优化报告。如下面两张图所示。

> 在那片被时光遗忘的角落里，古老的钟楼静静矗立，它的影子在黄昏的余晖中拉得老长，仿佛是岁月的叹息。钟声在空中回荡，每一记都像是敲打着时间的脉搏，却

又似乎无法唤醒沉睡的记忆。风从远方的山峦吹来，带着泥土的气息和远方的低语，树叶在风中瑟瑟作响，像是在诉说着古老的秘密，又像是在为这无尽的时光伴奏。

远处的湖面波光粼粼，像是无数颗破碎的星辰，倒映着天空的蓝和云的白。湖边的柳树低垂着枝条，轻轻地拂过水面，激起一圈圈涟漪，仿佛是大自然在不经意间写下的诗行。而在这宁静之中，时间仿佛停滞了，所有的声音都变得模糊不清，只剩下心跳和呼吸，在这无尽的宁静中交织成一首无声的歌。

一、原文分析

核心意境

通过钟楼、黄昏、风、湖面等意象，构建时空停滞的孤寂感，展现自然与时间的哲学关联。

语言特色

优势：诗化语言、通感修辞（如"敲打时间的脉搏"）、意象密集（星辰 / 涟漪 / 诗行）

不足：部分意象堆砌、视角转换突兀、节奏缺乏变化

结构特征

采用空间蒙太奇手法，但逻辑衔接较弱：钟楼→风→湖面→时间停滞的收尾稍显断裂。

二、优化建议及修改标注

原文段落	存在问题	优化方案	优化目的
"古老的钟楼静静矗立……岁月的叹息"	"静静矗立"与"拉得老长"存在动态矛盾	"钟楼以倾颓之姿刺破暮色，影如褶皱的宣纸，拓印岁月褪色的轮廓"	增强画面统一性，通过"刺破 / 褶皱 / 拓印"强化时间侵蚀感
"风从远方的山峦吹来……为这无尽的时光伴奏"	听觉意象过载（低语 / 瑟瑟声 / 伴奏）	"风翻越山脊时跌碎了形状，携来腐叶与岩层的鼻息。老悬铃木沙沙抖落年轮，每一片叶都是未寄出的信笺"	用"跌碎 / 鼻息 / 信笺"丰富感官层次，避免单一化拟声
"远处的湖面波光粼粼……写下的诗行"	"破碎星辰"比喻陈旧，"诗行"落俗套	"湖水将暮色酿成液态琥珀，柳枝垂钓云影，涟漪在黄昏的皮肤上纹下转瞬即逝的象形文字"	创造陌生化意象链（琥珀 / 垂钓 / 纹身 / 象形文字），增强文本张力
"时间仿佛停滞……无声的歌"	收尾流于概念化表述	"当第十二记钟鸣沉入湖底，我看见自己的呼吸凝结成霜，落在1912年的铜质齿轮上"	通过具体时空坐标（1912 年）与超现实细节（呼吸结霜），深化存在主义追问

DeepSeek 分析了原文"核心意境""语言特色""结构特征"等地方，并对这篇散文进行了更具体的优化建议及修改批注，如针对原文段落"风从远方的山峦吹来……为这无尽的时光伴奏"，DeepSeek 认为存在着"听觉意象过载（低语/瑟瑟声/伴奏）"等问题，提议"用'跌碎/鼻息/信笺'丰富感官层次，避免单一化拟声"。根据 DeepSeek 生成的分析报告，可以查看哪个地方是需要修改和怎么修改的。除此之外，我们还可以让 DeepSeek 针对原文进行不同颜色的批注，修改起来更方便。如下图所示。

在那片被时光遗忘的角落里，巍然矗立的古老钟楼，
它的影子在黄昏余晖中拖曳得绵长，
仿佛是大地的皱纹里渗出的时光残响。
钟声震颤着空气，
每一声都叩击着时间的年轮，
却在记忆的苔藓上无声滑落。

山风裹挟着腐殖土的气息逡巡而至，
林叶的簌簌声与蝉蜕的空腔共鸣，
在褪色的飞檐斗拱间编织着被加密的传说。

远湖漾起银鳞般的细浪，
将云絮揉碎成闪烁的星子，
任垂柳的绿绦蘸着水面书写——
那些被涟漪反复修订的、
关于永恒的，
十四行诗。

当蜉蝣的羽翅停驻在暮光中，
青苔攀爬的础石渗出清凉，
此刻正从青铜钟摆的褶皱里
析出晶状的寂静。

写作是一个不断修改的过程，我们可以通过对 DeepSeek 输入"段落优化"指令，逐段检查文字的表达效果。同时也可以自己朗读一遍，感受文字的节奏和情感是否到位。反复修改，直到我们觉得文字能够真正打动自己。如果对 DeepSeek 生成的结果不满意，比如我们觉得文字情绪平淡、缺乏感染力，可以尝试加入更多细节描写，如声音、气味、触觉等；比如我们觉得文字结构松散、缺乏重点，可以让 DeepSeek 重新梳理文字的逻辑顺序，同时为每一段文字设定一个核心情感，让文章更有层次感。

沉浸式写作：借助 DeepSeek 营造散文的意境与氛围

我们是否曾在读一篇散文时，仿佛置身于江南烟雨或秋日麦田？意境与氛围，正是让文字"活起来"的秘密，它们像一层薄雾，笼罩在字句之间，让读者不知不觉踏入作者的世界。借助 DeepSeek 的智能辅助，我们可以更轻松地捕捉那些稍纵即逝的灵感，将抽象的感受转化为具象的画面。接下来，让我们一起走进沉浸式写作的世界，学习如何用文字营造意境和氛围，让散文流淌出呼吸般的韵律。

1. 选择主题，明确情感基调

在使用 DeepSeek 之前，需要先明确自己想表达的情感（如怀念、宁静、忧伤），并选择一个与之相关的场景（如老家的院子、黄昏的公园）。

假如我们想要创作以"春天的早晨"为主题的散文，可以在 DeepSeek 的输入框中输入"请以'春天的早晨'为主题，创作一篇充满希望和新生情感的散文"（输入指令），点击发送按键（进行查询），随后 DeepSeek 会自动生成一个回答（得出结果）。如下图所示。

🐋 破晓

　　檐角冰凌坠落的脆响叩醒黎明。湿润雾气裹着泥腥漫过石缝，几簇新芽正顶开陈年苔衣。老张头的铜壶淋醒玉兰树，铁锹剐蹭青石的声响惊散薄雾。二楼晾晒的棉布滴着水，抖落的阳光与蒸槐花香缠成细网。迎春花翻过铁栅栏，将金色泼向蓝白校服掠过的长街。我在树下拾得半枚蝉蜕，薄翅纹路仍凝着破壳的震颤。墙根萤衣悄然开裂，蝴蝶振翅声混入远处打桩机的轰鸣，如同巨蚕啃噬寒冬的残茧。整条巷子突然鼓胀起来——晾衣绳扬起白帆，瓦当垂落融雪的银线，婴儿啼哭与车铃声在晨光中发芽。这座城市正蜕下灰暗的壳，每个褶皱都渗出嫩绿汁液。

---

2. 铺陈感官细节

我们可以借助 DeepSeek 生成一篇散文，也可以将自己创作的散文导入 DeepSeek，然后对 DeepSeek 输入场景关键词，进一步优化这篇散文，要求补足"视觉、听觉、嗅觉"，生成多维度描写。

在 DeepSeek 原对话输入框中输入"请采用多维度的描写方式，优化这篇散文，要求用比喻和拟人赋予场景情感，用红色和蓝色来标注采用了比喻和拟人的句子，以 HTML 格式输出"，点击发送按键，随后得到 DeepSeek 的回答。如下图所示。

🐋 破晓

檐角冰凌坠落的脆响**叩醒黎明**。湿润雾气裹着泥腥漫过石缝，几簇新芽**正顶开陈年苔衣**，像婴儿攥紧的拳头忽然张开。老张头的铜壶**淋醒玉兰树**，铁锹剐蹭青石的声响**惊散薄雾**。二楼晾晒的棉布滴着水，抖落的阳光碎成金箔，与蒸槐花香**缠成蛛网**。迎春花**翻过铁栅栏**，将金色泼向蓝白校服掠过的长街。我在树下拾得半枚蝉蜕，薄翅纹路如凝固的闪电。墙根茧衣**悄然开裂**，蝴蝶振翅声混入远处打桩机的轰鸣，如同巨蚕啃噬寒冬的残茧。整条巷子**突然鼓胀起来**——晾衣绳扬起白帆，瓦当垂落融雪的银线，婴儿啼哭像新生的叶芽，与车铃声**在晨光中发芽**。这座城市**正蜕下灰暗的壳**，每个褶皱都**渗出嫩绿汁液**。

注：**红色**标注拟人化描写，蓝色标注比喻修辞。通过让自然元素具象化执行人类动作（叩醒/顶开/发芽），将机械声响转化为生命意象（啃噬残茧），强化春天主动破除寒冬的叙事张力。

根据指令，DeepSeek 将拟人化描写全都标注为红色字体，如"叩醒黎明""正顶开陈年苔衣""淋醒玉兰树""惊散薄雾"等；将比喻修辞全都标注为蓝色字体，如"像婴儿攥紧的拳头忽然张开""抖落的阳光碎成金箔""将金色泼向蓝白校服掠过的长街"等。

3. 用动态语言激活画面

可以将散文中的静态名词转化为动作，如"枯叶在风中打转"改为"风拎起枯叶的裙摆，跳完最后一支华尔兹"；采用拟人化动词，如"路灯亮了"改为"路灯睁开惺忪的睡眼，舔舐着暮色"。

4. 调整节奏与留白

密集描写后插入短句，制造停顿感，如"蝉声、汗珠，如同静下来的风"。用破折号引导联想，如"她转身离去——像一片雪融化在春天的门槛上"。可以对 DeepSeek 输入"节奏分析"监测散文段落的长短分布，优化停顿与连贯性。如果对 DeepSeek 生成的散文内容不满意，比如我们觉得比喻生硬，不够自然，可以输入"我想表达 ×× 意境"，让 DeepSeek 推荐符合语境的比喻库，例如将"孤独"类比为"夜空中的一颗心"；比如我们觉得散文中的情感基调不统一、意境混乱，可以让 DeepSeek 检测全文情感峰值，删减与核心情感无关的段落。

韵律节拍器：运用 DeepSeek 生成符合韵律的古体诗框架

我们都曾在课本里读过"床前明月光"的静谧，或为"大江东去"的壮阔心潮澎湃。古体诗用精炼的文字勾勒出万千气象，但当我们提起笔时，却常被复杂的平仄规则和韵律绊住脚步。其实写古体诗并不需要高深的文学功底，只要掌握基本框架和工具辅助，我们也能创作出韵律优美的诗句。接下来，我们将借助 DeepSeek 生成古体诗框架，让古典韵律变得像搭积木一样有趣。让我们携手推开这扇通往诗词世界的大门，用科技为传统注入新活力。

1. 确定主题与情感基调

首先需要明确写诗的目的，想要表达什么样的主题和情感。例如，是想表达"秋日思乡"的寂寥，还是"春山行旅"的闲适。将核心意象（如"落叶""孤舟""远山"）列成清单，便于后续创作。

2. 选择诗体与格式

可以根据主题选择合适的诗体，例如五言绝句（四句，每句五字）和七言律诗（八句，每句七字，需对仗），并决定是否押韵。DeepSeek 可以帮助我们生成符合韵律的框架，只需输入关键词或主题即可。

3. 输入关键词，生成框架

打开 DeepSeek 网页，在输入框中输入与主题相关的关键词（如"山水""思乡"），选择诗体和韵律要求，DeepSeek 会自动生成一个符合韵律的古体诗框架，我们可以在此基础上进行修改和润色。

假如我们需要创作以"残月"为主题的古体诗框架，可以在 DeepSeek 的输入框中输入"请以'残月'为主题创作 3 ~ 5 首古体诗框架，要求符合五绝韵律"（输入指令），点击发送按键（进行查询），然后 DeepSeek 快速根据五绝韵律生成三首古体诗（得到结果），如第一首的"疏星捧玉钩，帘幕暗香浮。离泪凝霜后，五更鸡未休"。如下图所示。

🐋 五绝·残月三题

（一）

疏星捧玉钩，帘幕暗香浮。离泪凝霜后，五更鸡未休。

（二）

寒舟枕碧流，残月照江头。谁弄梅花落？钟声出寺楼。

（三）

桐影转西廊，惊鸦堕冷霜。灯青书半卷，醉袖有余凉。

注：作品采用五绝正格，平水韵。第一首以「残月如钩」起兴，通过疏星、帘幕等意象营造孤寂氛围，结句以「五更鸡未休」暗喻长夜难眠。第二首以江舟、残月为背景，借「梅花落」笛曲与寺钟形成听觉空间对比。第三首聚焦庭院视角，以桐影、惊鸦的动态反衬静谧，尾联通过灯影与醉态展现内心孤寂。三首均紧扣残月主题，通过不同时空场景拓展诗意维度。

---

4. 润色与情感升华

仔细阅读生成的古体诗框架，调整字词使其更符合我们的表达意图。例如，将生僻词替换成更常用的词汇，或调整句式以增强节奏感。

在 DeepSeek 原对话输入框中继续输入"请加入拟人、比喻等手法，让诗句更具感染力，保留修改痕迹，用不同颜色标注，以 HTML 格式输出"，点击发送按键，得到回答。如下图所示。

五绝·残月三题（修改对照）

（一）

~~疏星捧玉钩，帘幕暗香浮。离泪凝霜后，五更鸡未休。~~

蛾眉垂玉钩，独钓万家愁。露重鲛绡湿，**银梭**织泪流。

（二）

~~寒舟枕碧流，残月照江头。谁弄梅花落？钟声出寺楼。~~

孤灯守夜舟，**低语**向寒流。忽堕故人泪，霜潮漫古丘。

（三）

~~桐影转西廊，惊鸦堕冷霜。灯青书半卷，醉袖有余凉。~~

窥窗欲语迟，鬓角染秋丝。犹举冰蟾盏，**斟空**万古悲。

■修改说明■

红色：拟人化手法添加

绿色：比喻意象强化

示例解析：

"蛾眉垂玉钩"中"**蛾眉垂**"将残月拟作女子低眉，

"银梭织泪流"中"**银梭**"喻月光如织机穿梭，

"斟空万古悲"通过"**斟空**"赋予残月主动倾泻愁思的意志。

最后检查诗句的韵律和节奏是否符合古体诗的特点，可以输入指令让 DeepSeek 帮助我们快速发现问题并进行调整。如果在创作过程中遇到问题，比如我们觉得诗句读起来不流畅，可以检查诗句的节奏是否符合古体诗的特点，调

整字词的位置或者替换同义词；比如我们觉得缺乏意境，可以尝试加入一些意向词，如"明月""流水""落花"等，并运用比喻或拟人等修辞手法。

利用 DeepSeek 优化现代诗的意象表达，呈现多元化美感

我们或许都曾有过这样的时刻：面对一片落叶、一束光影或一阵晚风，内心涌动着难以名状的情绪，却不知如何用文字捕捉它的美。现代诗就像一把钥匙，能开启感官与想象力的宝藏，而 DeepSeek 则是辅助我们打磨这把钥匙的智能工具。接下来，我们将一起探索如何借助它，将零散的灵感转化为充满层次感的诗意表达。

1. 确定主题和情感

在使用 DeepSeek 创作之前，可以先选择一个主题，比如"离别""自然"或"成长"，并明确我们想要表达的情感，比如"忧伤""喜悦"或"迷茫"。这一步是诗歌创作的基础，帮助我们聚焦方向。

2. 收集意象和灵感

我们可以拿出笔记本或者手机备忘录，随时从日常生活中寻找灵感，比如观察自然景象、回忆某个瞬间，或者阅读其他诗人的作品。同时，可以利用 DeepSeek 输入关键词，生成相关的意象建议，比如输入"孤独"，可能会得到"落叶""孤灯"等意象。

3. 构建诗歌框架

现代诗是一种自由而富有创造力的艺术形式，它不像传统诗歌那样受到严格

的格律限制，而是更注重情感的表达和意象的呈现。我们尝试用简单的语言写下自己的感受和想法，不必担心写得不好，也不必追求完美。比如写一句简单的句子，"我站在窗前，看着落叶飘零"，然后可以利用 DeepSeek 优化语言，让它更具诗意。

假如我们想优化一首主题为"黄昏"的现代诗，可以将自己创作的初稿上传到 DeepSeek，然后在输入框中输入"请优化这首现代诗，增强听觉韵律（增加头韵／尾韵），植入触觉隐喻（丝绸感／颗粒感）"（输入指令），点击发送按键（进行查询），随后得到 DeepSeek 优化后的现代诗（得到结果）。如下图所示。

> ❧ 暮色絮语
> 钟摆第七次舔舐青苔铃音
> 黄昏在风里拆解蒲公英的絮语
> 光踮脚走过睫毛的芦苇丛
> 晾晒的云絮忽然抖落丝绸睡意
> 暮色用蜜调着薄荷绿玻璃
> 风铃摇醒檐角凝结的碎银雨滴
> 蒲公英绒毛裹着盐粒呼吸
> 潮水漫过掌纹时偷走锈的羽翼
>
> 注：1. 用"絮语／睡意／羽翼"柔化尾韵，"铃／里／璃"暗藏头韵；2. 蒲公英绒毛对应颗粒触感，丝绸睡意与碎银雨滴形成柔滑与微凉的交织；3. 将金属锈蚀转化为蒲公英、薄荷玻璃等清新意象，维持液态流动的触觉张力。

可以指定参照诗人优化诗歌，比如"模仿辛波斯卡哲学意象＋席慕蓉的温婉语感"。如下图所示。

> ❧ 暮色解谜者
> （仿辛波斯卡式哲思与席慕蓉式韵致）
> 当第七粒苔藓爬上青铜喉咙
> 黄昏正数着蒲公英的遗嘱
> 光在睫毛森林里收集露珠

而云朵抖落所有丝绸的谜底

薄荷色天平称量着碎银时辰

风铃在檐角凝结玻璃的叹息

盐粒在绒毛里结晶成星图

潮水漫过时间偷走自己的羽翼

注：1.植入"遗嘱／谜底／叹息"等哲思元素，暗合辛波斯卡对存在的凝视；2.保持"珠／图／翼"的婉约韵脚，延续席慕蓉的抒情肌理；3.将原作的金属锈蚀转化为"青铜喉咙"的氧化意象，以"时间偷走自己的羽翼"收束，形成时空悖论；4.盐粒"结晶成星图"既保留颗粒触感，又赋予宇宙尺度的诗意转换。

4. 调整节奏和韵律

现代诗虽然不强调严格的韵律，但我们可以通过调整句子的长短和节奏，让诗歌更具音乐性，也可以反复朗读自己的作品，感受语言的流动，并利用 DeepSeek 提供节奏优化的建议。完成初稿后，可以从整体上审视诗歌，看看意象是否清晰、情感是否传递到位，也可以利用 DeepSeek 进行语言润色，或者生成新的意象搭配，让诗歌更加丰富多元。

如果对 DeepSeek 生成的结果不满意，比如我们觉得意向表达不够生动，可以尝试用比喻、拟人等修辞手法让意象更鲜活，例如"风"可以写成"风在耳边低语"；比如我们觉得诗歌读起来不够流畅，可以通过反复朗读，感受语言的节奏，并调整句子的长短和结构，也可以让 DeepSeek 提供节奏优化的建议，帮助我们让诗歌更加流畅。